心の科学のための哲学入門 1

心身問題物語

デカルトから認知科学まで

岡田岳人 著

北大路書房

目次

目次

プロローグ

ボヘミアの王女エリザベトは退屈していた。

ハーグにある宮殿のサロンでは、お上品な人々が集まって話に花を咲かせていた。その中心にいたのは、エリザベトの母、エリザベスであった。母エリザベスは陽気で社交的な女性だったので、いつも人々の輪の中心にいた。

対するエリザベトは、内気で引っ込み思案な女性だった。母の友人たちがせっかく気を遣ってエリザベトに話しかけてくれても、愛想笑いを浮かべるのが精いっぱいだった。

それに、エリザベトにはサロンでの会話はつまらないものばかりだった。街ではこんな服装が流行っているとか、あそこの家で世継ぎが生まれたとか、そんな話である。そして最後は、いつも母エリザベスの独壇場——彼女の愛するシェイクスピア演劇とペットの犬の話で終わるのだった。

エリザベトは常日頃から、もっと本質的な話をしたいと思っていた。移ろいやすい俗世の出来事ではなく、もっと、こう、「永遠」に触れるような何かについて——。

サロンでの社交から解放されると、エリザベトは足早に自室へと向かった。部屋に入るなり、彼女は机に向かった。机の上には——まだ新しいが、相当読み込んだ跡のある——一冊の本が置かれていた。エリザベトはさも大事そうに本を手にとった。

デカルト著『第一哲学についての省察』

これこそがエリザベトの情熱の対象であった。彼女は哲学愛《め》ずる姫君だったのである。

エリザベトは、使い込んですっかり手になじんだ本の手触りを味わいながら、尊敬するデカルトの思考をまねてみることにした。

ゆっくりと目を閉じ、心を落ち着かせる。彼女の周囲の世界は闇に消えてゆき、外から聞こえてくるのであろう、かすかな物音と本の手触りだけの世界になった。さらに精神を集中して、音も感触もない世界を想像した。

いま、自分の周囲には、家具も、部屋も、宇宙すらも存在せず、身体さえも存在しない。あらゆる感覚は遮断され、一切は無に包まれている。

――それじゃあ、私も存在しない？

エリザベトはいたずらっぽく疑ってみることにした。否である。「自分が存在しない」と疑うなら、疑っている自分は存在しなければならない！　だからこう結論すべきだ。

――私は知っている。「私は在る、私は存在する」と。

エリザベトはゆっくりと目を開けた。サロンにいるときとは別人のように、彼女の顔は生き生きと輝いていた。

――なんて面白い考え方があるのかしら！

エリザベトはうれしくなって、気分が晴れる思いがした。

ところが――そんな晴れやかな気分のあとに、エリザベトはふと考え込んでしまう癖があった。気持ちが沈んで、胃のあたりがしくしく痛みだす。

――デカルト様は、心とからだがまったく別物だとおっしゃっているわ。心は「考えるということ」にのみその本質があって、拡がりをもたず、非物質的だと。一方、からだの本質は、拡がりをもつことにあると。でも――

エリザベトは胃のあたりを手でさすりながら、考えた。

――私は知っている。胃のあたりが痛くなると、いつも気分が落ち込むことを。気分が落ち込むから胃が痛くなるのかもしれないけれど。それに――

エリザベトは手を前に突き出し、開いたり閉じたりした。

――私のからだは、私が思う通りに動く。歩こうと思えば歩けるし、歌ったり踊ったりすることだって、しようと思えばできる。でも、拡がりをもたず、非物質的な心が、一体どうやって物質的なからだを動かすことができるというのかしら。

エリザベトは思わず「うーん」とうなって、机に頬杖をついた。

――ところで、ポロ様はうまく言ってくれたかしら。

エリザベトは、デカルトの友人であるアルフォンス・ポロに、ぜひデカルトと会って、真の哲学をその源泉から汲みとりたいと伝えてあったのだ。

それからほどなくして、召使いが入ってきて告げた。

「エリザベト様、ルネ・デカルト殿が参られたようですが……」

エリザベトの顔がぱっと輝いた。「ついにお会いできるのね！」――彼女が心待ちにした瞬間がやってきたのだ。参考になりそうな書物と自分で勉強したノートをかき集めながら、召使いに向かって言った。

「どうぞ、お入りいただいて――くれぐれも、失礼のないように」

エリザベトは、いつになく興奮していた。胃の痛みも、いつの間になくなっていた。

――今日は素晴らしい一日になるわ！

準備万端、エリザベトは、自分の将来の師を迎えるために部屋を出た――。

こうして三六〇年以上にわたる〈心身問題の物語〉は幕を開けたのであった。

一章 デカルトと王女エリザベト

――心身二元論と心身問題の誕生

心身問題のはじまりにして最高の問いかけは、近代哲学の父ルネ・デカルトと、悲運のボヘミア王女エリザベトとの出会いの中に見いだすことができる。まずデカルトの生涯を紐解くところから、心身問題の物語をはじめよう。

René Descartes

Elisabeth

デカルトの誕生と幼年時代

一五九六年三月三一日、生まれつき虚弱な身体と、のちにヨーロッパ最大の知性となる精神をもった赤ん坊が生まれた。赤ん坊の名前はルネ・デカルト。あらゆる時代を通じて最も偉大な哲学者のひとりである。

デカルトが生まれたのは、フランスはトゥレーヌのラ・エーという町である。いまではこの町は、彼をたたえて「デカルト」と改名されている。この地を訪れれば、デカルトの生家や彼が洗礼を受けたサン＝ジョルジュ教会をいまでも見ることができる。

ルネは父ジョアシャン・デカルトと母ジャンヌ（旧姓・ブロシャール）の間の三番目の子どもであった。ジョアシャンはパリで弁護士をつとめたあと、ブルターニュ高等法院の評定官の職務に就いていた。一方ジャンヌは、ルネが生まれた翌年、もうひとりの息子を産むときに命を落としている。生まれた息子も、生後三日でこの世を去った。

ルネはずっと、この弟のことを知らずにいた。ルネは生涯、自分の誕生と引き換えに母が命を落としたという（間違った）考えに悩まされた。さらに自分の虚弱体質が母から受け継いだものだと思い込むに至って、母に対するルネの感情はいっそう複雑なものになっていった。

ルネにとって幸いだったのは、父の計らいもあり、よき乳母に預けられたことだ。この乳母はありったけの愛情をルネに注ぎ、ルネもまたこの乳母によくなついた。デカルトは生涯にわたってこの乳母のことを思いやり、彼女が死ぬまで生活に困らないように年金を支給した。その甲斐もあってか、彼女はデカルトよりも長生きした。

しかし、デカルトの幼年時代はやはり孤独なものだった。母の死に対する強迫観念にも似た想いと、家族をめぐる一種の緊張感（父ジョアシャンは、アラン・モランなる女性と再婚し、さらに一男一女をもうけた）がデカルトの心に孤独を植えつけたのである。また母の不在というより、他人である乳母から真の愛情を注がれたためであろう、デカルトは終生、家族というものに対して愛着をもちえなかった。

ラ・フレーシュ学院時代

一〇歳になるとデカルトは、父ジョアシャンの意向により、イエズス会のために新しく設立されたラ・フレーシュ学院に入れられ、寄宿生として学校生活をはじめた。ルネ少年は、あらゆる学問を学ぼうという情熱を抱いていた。生まれもった明敏な精神に支えられ、学院を卒業する頃までには、デカルトの優秀さは広く知れわたるようになっていた。

しかし、生まれつき虚弱な身体については、如何ともしがたかった。ルネ少年は個室を与えられ、午前五時の起床を免除された（床につくのは午後九時である）。八時を少し過ぎた頃に朝食が彼の部屋に運ばれ、ミサに出席するために一〇時になってやっと同級生たちと合流した。その後は昼食と（自室での）二時間の自習がつづいた。

このような特権を与えられ、ルネ少年は午前中をほぼベッドの中で過ごすようになった。起きがけの身体のだるさとは対照的に、ルネ少年の精神はまどろみの中でさえ冴えていた。ベッドに身を横たえ、ぼんやりと天井や窓のほうを眺めながら思索に耽る——デカルトが終生守りつづけた習慣のひとつである。

一説によれば、窓の付近をせわしなく飛び回るハエの位置を特定する方法を考えていて思いついたのが、今日〈デカルト座標〉として知られる概念だそうだ。いまや小学校でも普通に教えられている〈座標〉がそれである。この説が正しければ、x軸・y軸とは窓枠のことであり、座標上の点はハエだ、ということになろう（グラフはハエの軌道）。だが、デカルトがこの発見に至るのはまだ先のことである。

ラ・フレーシュ学院では、午後二時から六時まで、生徒全員が教師による授業を受けた。その後、復習教師が夕食と就寝の合間に再び生徒たちの勉強の面倒を見たというのだから、実に手厚い教育と言わねばならない。午後の授業には体育も含まれており、デカルトが大人になってからも励むことになる球技やフェンシングが行われた。こうした学院生活を通じて、デカルトの身体が徐々にたくましく、健康になっていったことは想像に難くない。

デカルトの交友関係はどうだったろうか。この時期からの友人としては、院長であったシャルレ神父と、八歳年長の上級生マラン・メルセンヌくらいしか挙げることができない（ただしこの時期、メルセンヌとはほとんど面識がなかったはずである）。シャルレ神父はルネ少年に寝坊の特権を与えた人であり、メルセンヌはのちにデカルトの学問上の後見人になる人物である。同年代の子どもとは、あまり話が合わなかったのかもしれない。

とはいえルネ少年にとって、学院はさほど居づらい場所ではなかったようだ。フランスのあらゆる地域からやってきた少年たちを、身分の高い者も低い者もほとんど同じように扱うことによって、生徒たちの間に平等の気風を確保したのは素晴らしい発明である、とデカルトはのちに学院での教育を振り返っている。「誰とでもそつなくつきあう」デカルト流の社交術はこの頃身についたものであろう。

「私は何も知らない」

卒業が近づくにつれてデカルトの優秀さはあまねく知れわたるようになったが、それに反してデカルトは、自分が多くの疑いや誤りに悩まされていることに気づきはじめていた。

デカルトはまず、当時の教育の伝統に従って、ラテン語やギリシア語、そして修辞学を学んだ。やがて論理学や自然学、形而上学を学ぶようになると、デカルトの不満は次第に高まっていった。

当時の学問スタイルは中世スコラ哲学の伝統に則ったもので、議論の対象にかかわらず意見と意見とを対立させ、それらの矛盾点をとり除くことをめざすものであった。しかしこうしたやり方は、多くの場合、アリストテレス哲学の権威に従って決定が下されるなど、すっかり形骸化していた。数百年の風雪に耐えたスコラの伝統は、いまや錆びついていた。

デカルトの鋭い頭脳は、スコラ的議論の中にあるごまかしを見逃さなかった。そもそも真理はひとつしか存在しないはずなのに、同じ主題に関して学識ある人々が様々な意見を主張し合うような事態がどうして起こるのか。対立する意見の一方が間違っていることは（スコラ的議論が前提するように）確実である。しかしおそらくは、どちらも誤っているというのが真相ではないか。少しでも疑いを含みうるものは、誤りとみなすべきだ。

確実な知識に飢えていたルネ少年は、数学に飛びついた。数学の中にだけは、絶対確実な真実があると確信したのである。数学の証明に比べて、哲学や倫理学の「証明」の何とごまかしの多いことか——デカルトは数学をモデルにして、確実な知識に到達する方法をイメージしはじめていた。

一八歳でデカルトはラ・フレーシュ学院を去った。非の打ちどころのない優秀な成績をおさめ、先生たちの祝福に満たされてラ・フレーシュの門を出たが、デカルトの心の内は暗かった。「自分は何も知らない」という、いっそう大きくなった認識のほかには、自分は何も手にしていないのではないか。誰にも知れぬ失意を抱えたまま、デカルトは父の家に戻ったのである。

世間という大きな書物

デカルトの父ジョアシャンは、今度はルネをポワティエ大学に送り、そこで法律を勉強させることにした。ルネにも兄と同じように法律家の道を歩み、ゆくゆくは社会的地位の高い役職に就いてもらいたかったからである。

これも「親心」と言えなくはない。だが、ジョアシャンは貴族の身分を欲していたのだ。貴族の身分は三代目になってようやく正当な権利として獲得できる。このことは、息子や孫が役職を買って、法官の経歴をつづけなければならないことを意味した。デカルト家に騎士（貴族の最初の段階）の認可状が授与されたのは、やっと一六六八年のことであった。

ルネも当然、このような父の意向を理解していた。彼の心は法律の勉強にはなかったが、一六一五年から一六年にかけてポワティエの洋服職人の家に下宿し、法学士号を取得した。ルネにしてみれば、経済的に自分を支えてくれた父への義理立ての意味もあったのだろう。だが、父の言いなりになるのはこれで最後だ――ルネはひそかに心を決めていた。

二〇歳の青年になったデカルトは、父のくびきから逃れるようにしてパリに移り住んだ。デカルトはかねてより、自分が求めていたものを与えてくれなかった書物による勉学から完全に離れて、自分自身の内に、あるいは「世間という大きな書物」の内に見いだされる知識以外のものは探究しない、と決意していたのである。生活に困らないだけの財産に恵まれていることを神に感謝しつつ、デカルトはわが道を進んでいった。

パリでデカルトは、数人の仲間たちと一緒に、若者らしい社交生活を送っていた。時折、羽目を外すこともあったが、放蕩三昧でわが身を滅ぼすほどこの若者は愚かではなかった。とりわけギャンブルに熱中し、いくらか小遣いを儲けた。何事にでも全身で打ち込むのが、この哲学者の終生変わらぬ姿勢であった。

しかし、自由気ままなパリの生活にもすぐに飽きてしまった。デカルトはフォーブール・サン・ジェルマンの静かな地域に下宿を見つけ、移り住んだ。そこで静かに暮らしながら、数学研究に没頭することにしたのである。

だが、昔の遊び仲間がすぐにデカルトの所在を突き止め、押し寄せてきた。世の中には遠慮というものを知らぬ連中がいることを、デカルトは身をもって知ったのである。心底うんざりしたデカルトは早々に荷物をまとめ、頭の悪い連中の前から姿を消した。

一六一八年、デカルトはオランダのブレダに向かい、オラニエ公マウリッツの軍に志願することにした。うるさい都会連中から離れ、軍隊での生活にわずかばかりの心の平安を求めたのかもしれない。幸いなことに、昔の遊び仲間は誰ひとり追ってこなかった。

数学と哲学への復帰

当時のオランダは、スペインとの八〇年戦争——ネーデルランド諸州がスペインに対して反乱を起こしたことに端を発する戦争——の只中にあった。ただし、デカルトがブレダの町に駐屯していた頃は、オランダとスペインとの間で休戦が成立しており、人々はつかの間の平和を享受していた。

ある日、デカルトがブレダの街を散歩していると、壁に一枚のポスターが貼られているのを目にした。デカルトにはオランダ語はわからなかったが、どうやら数学の問題らしい。この当時、未解決の数学の問題を街頭に貼り紙し、学者たちに解答を求めるということがしばしば行われていたのである。

デカルトは偶然傍らに居合わせた男に、片言のオランダ語で話しかけた。

「すみません、この問題をラテン語かフランス語に翻訳していただけませんか」

男は物珍しげにこの若いフランス人将校を眺め、ラテン語で応じた。

「翻訳するのは構わないがね。問題を解く気がないなら話は別だ。どうだい、この問題を解いてみる気はあるかい？」

「ええ、そのつもりです」

デカルトは事もなげに答えた。「そのつもりです、か」——軍隊にいる若者がそのような返答をしてくるとは夢にも思わず、男は面喰ってしまった。だが、男はこの若者に興味を覚え、問題が解けたら解答をもってくるように、住所と名前を書いてデカルトに渡した。このメモによってデカルトは、その男がイサク・ベークマンといい、ドルトレヒト学院の院長であることを知った。

翌日の午後、ベークマンはデカルトの訪問を受け、驚いた。デカルトは本当に例の問題を解いたのである。それも、ベークマンが思いもよらないほどエレガントな解決法で。

二人はすっかり意気投合し、数学や物理の話題で盛り上がった。ベークマンはデカルトに、自然学は数学的方法によって扱うことができるし、またそうすべきだ、と熱く語った。デカルトは衝撃を受けた。ラ・フレーシュ時代に抱いた「数学的証明の確実性と明証性」に対する情熱がよみがえってきたのである。

ベークマンはデカルトより三〇歳近くも年長であったが、若きデカルトの才能と力量に驚嘆し、「今後も研究と手紙のやりとりをつづけないか」ともちかけた。デカルトも喜んでこれに応じ、以後二〇年間、二人は定期的に手紙をやりとりすることになる。

街頭に貼り紙された数学の問題が、そしてベークマンとの出会いが、デカルトの哲学や数学に対する情熱を呼び覚ましたのである。天才の頭脳にとって、数学は一種の「啓示」となりうるらしい。そういえば、二〇世紀最大の哲学者ウィトゲンシュタインが、一度は見切りをつけた哲学研究に復帰するのも、オランダの数学者ブラウワーの講演がきっかけであった。数学のもつ「魔力」が、天才の頭脳を覚醒させるのであろうか。

一六一九年一一月一〇日・冬の日の夢

オランダ軍に志願してから一年ほどで、デカルトは契約の解除を申し立て、オランダを去った。当初の目的であった、オラニエ公マウリッツの旗のもとで戦闘に従事する望みが失われた、というのが理由らしいが、定かではない。おそらく、軍隊生活に嫌気がさしたのだろう。もっともオランダ軍のほうも、寝ることが何より好きなフランス人将校を特に引きとめはしなかった。

デカルトはドイツのフランクフルトに赴き、噂に聞くフェルディナント二世の戴冠式を見物したいと思った。これはデカルトの終生変わらぬ「癖」であった。どこかで華やかな見世物があると聞くと、彼は見物したいという欲求を抑えることができなかったのである。ちょうど時間に間に合って、デカルトはこの上なく壮麗な見世物を、尽きぬ興味をもって眺めていた。

フランクフルトでの祝祭のあと、各地を遍歴していたデカルトは、とある静養地にしばらく滞在している。そこでは気を紛らわすようなうるさい連中もおらず、また幸いなことに、当面は頭を悩ませるような心配事や気遣いもなかったので、デカルトは一日中、ひとり炉部屋に閉じこもって思索に耽ることにした。陶製の大きなかまどで温められる炉部屋は、不快な煙や温風もなく、心地よい控え目な暖気が保たれるので、哲学者の思索場所としてはもってこいであった。

この居心地のよい冬の炉部屋で、デカルトはかつてないほどの集中力で思索に没頭した。そして彼の記すところによれば、一六一九年一一月一〇日、哲学者ルネ・デカルトの人生を決定づける出来事が起こったのである。その日、デカルトは「驚くべき学問の基礎」を発見したという心の高揚を抱えたまま床につき、次々と三つの夢を見たのだという。

第一の夢は、強風に抗いながら、母校ラ・フレーシュの教会に向かっているものである。途中すれ違った友人たちに挨拶をしようと体をひねるが、激しい風によって教会のほうへ押し戻されてしまう。第二の夢では、雷鳴のような鋭く、弾けるような音を聞き、部屋が火花に満たされるのを見る。第三の夢では、アウソニウスの『田園詩』にある「私は人生においていかなる道を辿らんとするか」という詩句に出会う。

これらの夢には重要な象徴的意味があるのかもしれないが、それについて詮索するのは、精神分析の心得がある読者の方にお任せすることにしよう。注目すべきは、デカルト自身がこれらの夢を解釈し、それを自らが「驚くべき学問の基礎」と呼ぶ発見――幾何学への代数の適用（解析幾何学）、より一般的にいえば、数学的方法による自然現象の探究――と関連付けようとした点である（だが残念なことに、デカルトの解釈がどのようなものかは正確には伝わっていない）。

ともかく、のちに「大陸合理論の祖」という手垢まみれのレッテルで知られることになるデカルトが、冬の日に見た不思議な夢によって「回心」したというのは、皮肉といえば皮肉な話である。

かくしてデカルトは天命を知ったのである。

放浪の九年間

「世間という大きな書物」に学びながらも、ついにいっそう確実な哲学の基礎を探究しようと決心したデカルトであるが、この天才哲学者のマイペースぶりは相変わらずであった。冬の日の夢で天命を知ったのち、腰を据えて研究に取り組むまでに九年もの年月を要したのだから、いかにもデカルトらしい。

この九年間について詳しいことは残念ながらわかっていないが、どうやらヨーロッパ中を渡り歩く「放浪生活」をしていたようだ。この時期（一六二〇年～一六二八年）の主な出来事を整理してみよう。デカルトの二〇代半ばから三〇代前半にあたる時期である。

デカルトがどの程度状況を把握していたかは定かではないが、この時期のヨーロッパは政治的に極めて不安定な状況にあった。ボヘミア王のファルツ選帝侯フリードリヒ五世に対し、神聖ローマ皇帝フェルディナント二世がバイエルン公マクシミリアン一世と協力し、戦争を仕掛けたのである。いわゆる「三〇年戦争」の緒戦となった白山の戦いである。

フリードリヒ五世はこの戦いに敗れ、わずか一年余りで王位を剥奪された。「一冬王」と呼ばれる所以である。が、われわれにとって重要なのは、このフリードリヒ五世の娘こそ、後年デカルトの愛弟子となった王女エリザベトである、ということだ（エリザベトはまだ一歳の赤子であった）。そしてもしかすると、デカルトもこの戦いに（フリードリヒ五世の敵として）参加していたかもしれない、ということである。

だとすれば、何という運命の巡り合わせだろうか。西洋哲学史の中でも特にユニークな師弟関係にあった二人の運命は、すでにこの頃から交差していたかもしれないのだ。だがエリザベトとはまたあとで再会することにしよう。

一六二二年、デカルトは一度、故郷ラ・エーに戻っている。家族と久しぶりに再会するのが目的、と考えたくなるが、デカルトの目的はビジネスライクなものであった。母方の祖母、母、そして叔母から相続した家や土地をすべて売却するためである。こうして得た財産をもとに、デカルトは一生涯暮らしてゆくことになる。そして家族に形だけの挨拶を済まして、デカルトは再び故郷をあとにした。行き先すら誰にも告げずに――。

デカルトの放浪の九年間における最大の収穫といえば、ラ・フレーシュの先輩マラン・メルセンヌと「再会」したことだろう。ラ・フレーシュ卒業後、司祭となったメルセンヌはヌヴェールの近くで哲学と神学を教えていたが、一六一九年にパリに来て、ロワイヤル広場にある僧院に入った。

その後メルセンヌがヨーロッパの科学界で果たした役割は、ひとりの独創的な科学者の業績に匹敵するもの、場合によってはそれを凌駕するものであった。メルセンヌその人はけっして独創的な思想家というわけではなかったが、ガリレオ・ガリレイ、ピエール・ド・フェルマ、パスカル父子といったヨーロッパを代表する頭脳たちと手紙を交し、学術情報を交換していたのである。パリにあるメルセンヌの小さな部屋は、ヨーロッパ中の情報が集まる学術センターと化していった。科学ジャーナルのなかった時代に「メルセンヌ・コミュニティ」が果たした役割の重要性は、いくら強調してもしすぎることはない。

デカルトはイタリア滞在中に、このコミュニティの存在を知ったらしい。パリに戻ったデカルトは、すぐにメルセンヌ・コミュニティに加わった。というのも、これこそデカルトが求めていたものだったからだ。

たとえデカルトのように独創的な研究者であっても、研究の局面によっては一緒に検討してくれる仲間の存在が必要になるものである。特にデカルトの時代には、自分の着想を公にする前に、それが教会の教えに反しないかを吟味しておくことは非常に重要であった。火あぶりにされて灰になってから後悔しても遅いのである。

だがデカルトは、人付き合いに対して極端なまでに慎重な人間であった。たとえ学問上の協力者であっても、遠慮を知らぬ連中が押し寄せてこないとも限らない——それだけは是が非でも避けねばならぬ。それが嫌で九年間も各地を転々としてきたのである。相手のペースで自分の静かな生活が脅かされる——それだけは我慢ならなかった。

これらの点において、メルセンヌ・コミュニティはデカルトにとって理想的な協力関係であった。また、メルセンヌその人の学識と人柄も、デカルトの信頼に足るものであった。誠実で人当たりがよく、かつ几帳面な性格のメルセンヌは、デカルトの学問のよき庇護者となり、教会のうるさがたからしばしばデカルトを守ってくれた。デカルトもメルセンヌに全幅の信頼を寄せ、他の仲間たちの前からは姿をくらましても、常にメルセンヌにだけはこっそり居場所を告げ、手紙のやりとりをつづけた。

オランダ滞在

一六二八年の末、デカルトは研究に専念するために、オランダに居を移した。その後は死の前年（一六四九年）まで——数カ月間のフランス旅行を三度ばかりした以外は——オランダに腰を落ち着けることになる。とはいえ、デカルトの「放浪癖」は相変わらずで、オランダ国内をあちこち移動して回る暮らし振りであった。

デカルトはなぜ、オランダを選んだのだろうか。様々な理由が考えられる。

ひとつには、一七世紀のヨーロッパにおいて、オランダほど思想の自由が許された国は他になかった、ということがある。この自由な気風のゆえに出版産業が栄え、オランダは出版の中心地となった。宗教裁判の結果、母国イタリアではもはや出版が許されなかったガリレイ晩年の作品『新科学対話』も、オランダで出版されたのである。

だが実際には、カトリックであるデカルトは、フランスに留まった場合よりもはるかにカルヴァン派の学者たちや牧師たちの不寛容さに悩まされることになったはずだ。いかに自由な気風のあるオランダといえども、カトリックの礼拝を公に行うことは制約されていたのである。しかもデカルトは、自分の宗教的信念を曲げることはなく、常にカトリックの礼拝を実践した。

実をいえば、デカルトがオランダを選んだ理由はかなりはっきりしている。オランダのほどよい気候と自由な雰囲気が、デカルトにとってこの上なく好ましかったからである。デカルトはしばしば、暑い気候は自分の体質に合わず、精神の自由にとって妨げになるとぼやいた。あの暑さがなければ、カトリックの宗教を重んじてイタリアを滞在地に選んだであろうに、と。澄んで乾燥したオランダの空気が、精神の活動にいっそう適しているとデカルトは考えたのである。またフランスと違って、オランダではうるさい連中と街中でばったり遭遇する確率が低いことも、デカルトにとってはありがたかった。

これまでデカルトが世間に公表したものは何もなかったが、この頃、デカルトの名声は急速に高まっていった。パリの仲間たちやメルセンヌ・コミュニティの間で、デカルトが何か重要な発見をしたらしい、という噂が広まっていったのである。おまけに物好きな連中がオランダにまで足を運び、自分の居場所を探しだそうとしている、という不穏な噂まで耳に入ってきた。これこそデカルトが最も恐れていた事態であった。

デカルトは実にうまく立ち振る舞った。自分宛の手紙や小包をまっすぐ自分の住所へ発送させるようなことはけっしてせず、オランダに住む信頼できる友人たち（その中にはあのベークマンもいた）宛てに送らせていたのである。この点についてデカルトの秘密を知っていたのは、フランスにいるメルセンヌただひとりであった。

一方、デカルトのほうで友人たちに手紙を出す場合には、手紙の発信地として、自分の住んでいる村落の名前ではなく、アムステルダムやライデンといった大きな都市の名前を書いておくのであった。そんなこととは露知らず、オランダに旅行したフランスの文人や好事家たちは、どうしてもデカルトを探しだすことができず落胆するのであった。

こうしたデカルトの努力が実を結び、また幾人かの誠実な協力者のおかげでデカルトの平穏な暮らしは守られ、オランダでの生産的な日々が過ぎていったのである。

『世界論』の完成と挫折

デカルトが取り組んだのは、あの冬の日の夢に啓示を受けた、自らの学問的方法論――数学的方法による自然現象の探究――を実践してみせることであった。実は、デカルトの真の目標ははるかに高く、またはるかに一般的なもので、およそ人間の知識一般をすべて包括するような〈普遍学〉を構想していたのであった。それは、わずかな基本的原理から論理的な推論によって人間の知識をすべて導きだすという、壮大な知の体系である。

しかし、このような壮大なプロジェクトには、相応の時間と準備が必要である。そこでデカルトは、プロジェクト実現の構想を練りながらも、余ったエネルギーを光学、化学、物理学、解剖学、医学、天文学、気象学といった研究に向けることにした。今日の学者がこれほど広範囲の研究に手を染めることは許されないであろう。だが、デカルトの時代はそうではなく、才能ある人はどんどん新しい分野を開拓し、成果を上げることができた。

とりわけ解剖学に対するデカルトの情熱は相当なものであった。一時期はほとんど毎日、屠殺業者の店に出かけていって、家畜が殺される様子を見せてもらった上に、自らの手でじっくり解剖したいと思った動物の肢体を自宅に運ばせていた。比較的小さくて、すぐに解剖したいと思った部位は、コートの下に隠して自らもち帰ったという。

こうして様々な研究に熱意を傾けたデカルトであったが、自らの使命を忘れたわけではけっしてなかった。一六三三年、デカルトの自然学全体、すなわち、物質的事物について彼が知りえたすべてを要約した『世界論』を書き上げたのである。これはデカルトの真の目標――人間の知識一般をすべて包括する〈普遍学〉――には遠く及ばないが、それでも偉大な第一歩となるはずであった。ときにデカルト、三七歳。

メルセンヌ・コミュニティを通じて、「デカルトが大作を書き上げたらしい」という噂が瞬く間に広まっていった。仲間たちの期待は高まり、まるでワインの解禁日を待つ愛好家たちのように、デカルトの傑作が世に出るのをいまかいまかと待ちわびていた。

だが、デカルトは冷静だった。パリで出版できるようにメルセンヌに原稿を送るつもりでいたが、一度送ってしまうとしばらくは校正や転写ができなくなると考え、メルセンヌには「年末までに原稿を送る努力をする」と述べるにとどめた。念には念を入れて、自ら最終チェックを行うつもりだったのである。

デカルトはアムステルダムやライデンの書店をめぐり、前の年に印刷されたガリレイの『宇宙体系』が入手可能かどうか問い合わせた。自分にとって唯一無二のライバルであるガリレイの最新作をチェックしておこうと考えたのである。

だが、返ってきたのは予期せぬ反応であった。

「デカルトの旦那、その本を入手するのはちょっとキビしいですぜ」

「ここもか。一体どうしたというのだ」

「へえ、何でも、全部数がローマで一挙に焼却されたとか……」

デカルトは瞬時にすべてを理解した。ガリレイの本に異端の疑いがかけられていること――ガリレイが宗教裁判にかけられているであろうこと――そして、その理由がコペルニクス流の〈地動説〉にあるということも……。

デカルトはガリレイが〈地動説〉――太陽が地球の周りを回るのではなく、地球が太陽の周りを回るという考え――を打ち立てようとしているのを知っていた。そしてこの仮説こそ、デカルトの『世界論』の最も大きな部分が依拠している土台であった。この著作は極めて緊密な統一性をもっており、もしその土台を取り除いてしまうならば、体系全体が崩壊してしまうであろう。

そこでデカルトは、著作を台無しにして出版するよりも、むしろしまっておくべきだと考えた。こうして彼は、四年間にわたる研究のすべてを投げ棄てたのである。メルセンヌには原稿を送れなくなったことを詫び、自分が教会に完全に服従していることを主張した。

こうしたデカルトの態度に、様々な非難が浴びせられた。

——臆病者だ。

——教会の権威に屈し、真理よりも保身を選んだのだ。

——実は隠れた無神論者なのではないか。

だが、デカルトの真意は単純素朴なものである。彼にとって、コペルニクス説と教会の教えのいずれかを選ぶことなど、そもそも不可能であった。なぜなら、どちらも正しいと信じていたからだ。デカルトは、どうすればコペルニクス説と教会の教えの間の表面的な矛盾が解消されるのか、真剣に悩んだ。そのうち彼は悩むのをやめ、たぶん誰かが超人的な統合を果たして、どちらも正しいことが証明されるだろう、と期待することにした。

このエピソードは、デカルトの精神の特徴をよく示している。一方でデカルトは合理的な懐疑主義者であったが、他方でカトリックの信仰を、自分を育ててくれた乳母にたとえており、どちらに頼るのも同じくらい慰めになる、と公言した。数学史家ベルがデカルトについて述べたように、合理的な頭脳はときに「合理性と非合理性の最も奇妙な混合物」なのである。われわれはこのことを、心身問題に対するデカルトの態度を通じて再認識することになるであろう。

ヘレナとフランシーヌ

哲学者の非合理的な一面を見たついでに、今度はデカルトの生涯における最も人間臭いエピソードについて述べておこう。

デカルトは、彼の身の回りの世話をしていた家政婦のヘレナと恋に落ちた。しかも一六三五年七月一九日、二人の間に娘が生まれ、フランシーヌと名づけられている。

ヘレナはフランシーヌとともにデカルトの家の近くに移り住んだ。デカルトはちょうど次の著作に向けて準備しているところであったが、執筆に疲れると休息のために庭に行き、そこでフランシーヌを見つけることができた。周囲には、フランシーヌはデカルトの「姪」ということになっていた。デカルトは子供を認知したが、自分の名前は与えなかった。

母親のヘレナに関しては、残念ながらあまり確かなことは知られていない。デカルトが彼女に対してどのような感情を抱いていたのかも、われわれにはわからない。少なくともデカルトは、父親としての最低限の責任を引き受けたようには見える。ヘレナの妊娠が明らかになった時点で、彼女が安心して子供を出産できる家を見つけたり、出産直後は彼女を自分の家に住まわせようとしたりした。

だが、それ以上のものは何もなかった。身分の違いから、結婚などはむろん論外であり、永く同棲するつもりもなかった。大体、何より寝るのが好きで、思索に異常なまでの集中を必要とするこの天才哲学者が、子供が夜泣きしたり、やがては走り回ったりするような環境にいられるはずがない。二人は結局、秘密厳守の形式的な関係に終始した。ヘレナが幸せだったとは、到底思えない。

しかしデカルトとフランシーヌの関係は、この哲学者の別の側面を表している。自分に微笑みかけ、無邪気に手を伸ばす小さいフランシーヌに、デカルトは心を開いたのである。デカルトの心に、これまで感じたことのない感情が芽生えはじめていた。デカルトは娘によい教育を受けさせるために、ゆくゆくはフランスへ連れて行こうと決めていた。その日のために、デカルトはまだ小さい娘にフランス語を教えはじめるのであった。

ところが、一六四〇年九月七日、フランシーヌは猩紅熱にかかり、あっけなくこの世を去ってしまう。危篤を知り駆けつけたデカルトの腕に抱かれ、フランシーヌは静かに息を引き取った。わずか五年の短い生涯であった。

デカルトは娘の死に衝撃を受け、打ちのめされた。これまでの人生でけっして味わったことがないほどの巨大な喪失感であった。家族というものに愛着をもてず、ひとり孤独に生きてきた男が、娘のために涙したのである。

デカルトとフランシーヌの関係を知るごく少数の人々は、彼を慰めようと言葉をかけた。しかし、そうした心遣いに安らぎを覚えるどころか、むしろ苛立ちを感じてしまう自分がいたことを、デカルトはのちに告白している。彼は、真の哲学が自然の情を押さえつけるものではないことを悟らされ、「涙と悲しみは女性だけのものである」という（ばかげた）考えを完全に拒否できるようになった。

娘とともに過ごした数年間、デカルトは医学の研究をつづけていた。彼の安否を絶えず気にかけるメルセンヌに対して、自分はけっして丈夫ではないが、三〇年来、病気らしい病気にかかったことは一切ないと自慢していた。オランダの科学者ホイヘンスに、自分は一〇〇年以上生きるだろうと豪語したこともあった。そんなデカルトも、自らの腕の中で死にゆく愛娘を救うことはできなかったのである。

大切な存在が目の前から永遠に消え去ろうとするとき、哲学に何ができるだろうか——。

デカルトはメルセンヌに対して、こうも述べていた。「しかしながら、すべては神の摂理に依存しております。そして私の道徳の重要な点のひとつは、死を恐れずに人生を愛することであります」。

フランシーヌの死後も、デカルトは常に「死を恐れないこと」を主張しつづける。彼はそのための「真理」を見つけたのだ。彼によればそれは、かつて自らが「生命の保存」のために医学に託した希望より、はるかに容易で確実な認識として得られるのだという。

哲学者はまたひとりぼっちになった。

——何のことはない。ずっと、そうだったじゃないか。

——私は家族というものに、縁がないのだ。

デカルトは自分にそう言い聞かせ、原稿を完成させるべくペンを走らせた。

『理性を正しく導き、学問において真理を探究するための方法序説』

話はデカルトが『世界論』の発表を断念した頃にさかのぼる。

当時、彼はユトレヒトにある一軒家に住んでいたが、そこで『方法序説』の執筆が構想され、また着手されたのであった。デカルト哲学のみならず、西洋哲学史上最も独創的な作品のひとつである。出版されたのは一六三七年、デカルトが四一歳のときであった。

実をいえばデカルトは、『世界論』ショックのあと、生きているうちは自分の作品を印刷すまいと固く決心していた。期待を裏切られた友人たちがこぞって彼をなだめ、あるいは脅し、手元にある原稿の中から、問題のなさそうな部分だけを選び出して印刷するように説得したのである。われわれは、デカルトに『方法序説』執筆のきっかけを与えた彼らに感謝すべきであろう。

この作品は、その正確なタイトルを『理性を正しく導き、学問において真理を探究するための方法の序説。加えて、その方法の試みである屈折光学、気象学、幾何学』といい、全体で五〇〇ページを超える大著である。その最初の七八ページがいわゆる『方法序説』であり、三つの科学論文（『屈折光学』、『気象学』、『幾何学』）の序文となっているのだ。

第一の試論『屈折光学』には、光線について、眼および諸器官について、望遠鏡およびレンズについての論考が含まれており、第二の試論『気象学』では、水蒸気と蒸発物、塩、風と雷鳴の原因、雪の形象、虹の色、さらにコロナや幻日について論じられている。

とりわけ重要なのが、最後の試論『幾何学』であり、これは一般的に、解析幾何学――幾何学の問題を代数の問題に翻訳する一般的方法――の誕生を告げる作品と目されている。デカルトがベッドの中で考えた「ハエ（点）と窓枠（座標）」の方法、すなわち〈デカルト座標〉は、ここに実を結んだというわけだ。

だが、『方法序説』の最も優れた部分は、その「序説」に他ならない。ここでデカルトは、驚くほど画期的なスタイルで自己の思想のエッセンスを伝えている。

そのスタイルとは、自分がいかにして様々な問題に導かれ、どのような道筋でそれらを考えていったのか、そしてどのような結果を得たのかを、自伝的エピソードも含めながら「ありのままに」書いてゆく、というものである。あえて思想の「足場」を見せるというドキュメンタリー的手法を用いることで、自己の思想が形をなしてゆく様をわかりやすく開示したのだ。

デカルトは『方法序説』の第二部を次のように書きはじめている。

「その頃私はドイツにいた。いまなお終わっていない戦争がきっかけで、呼び寄せられたのだ。皇帝の戴冠式から軍隊に戻ろうとしたとき、冬がはじまって、ある冬営地に足留めされた。そこでは気を紛らわす付き合いもなく、また幸い、心を乱す心配事や情念もなかったので、私は終日ひとり炉部屋に閉じこもり、心ゆくまで思索に耽っていた」

実に広がりのある文章である。この一節は、私が『方法序説』の中で最も好きな箇所のひとつである。このような書き出しをもつ哲学書など、他にないであろう。読者はまるで小説を読むようにして、世界最高の頭脳による思考プロセスを追体験できるのだ。

また、『方法序説』全体がフランス語で書かれていることも見逃せない点である。当時の学者たちの共通語はラテン語であり、学術論文はラテン語で書くのが普通であった（現代では英語がそうした地位を占めている）。デカルトは、勉強を少しもしなかった人々でさえ、『方法序説』の諸論文を理解できるように望んだのである。もっともこれは、少し高望みであるように思われるが。

われわれはこれから『方法序説』の核心部分に直行し、デカルト哲学に挑戦することにしよう。本書ではじめての理論篇であり、難しい箇所もあるかもしれないが、丁寧に解説するのでぜひ飛ばさずに読んでもらいたい（飛ばしてもよい場合は、＊を付してある）。

ついでながら、『方法序説』は名前を伏せて発表された。なかなかの世渡り上手である。

方法的懐疑

デカルトの探究の動機を思い出してもらいたい。

一〇代の頃、ラ・フレーシュ学院を優秀な成績で卒業したものの、自分は確実なことを何も知らない、とルネ少年は思い悩んでいたのであった。

その後のデカルトの半生は、「どうすれば自分は何か確実なことを知りうるのか」という問いに捧げられてきたといっても過言ではない。

そして一六一九年一一月一〇日。冬の日に見た夢によって「啓示」を受け、デカルトは自らの〈普遍学〉構想――数学的方法によって人間の知識一般をすべて包括すること――に希望の光を見いだしていた。ごく少数の基本的原理から、論理的な推論を重ねることですべての真理に到達する――この知識の体系は確実性だけを基礎にして、あらゆる偏見や誤謬を排除することになるであろう。

だが問題は、最初のステップ――ごく少数の基本的原理――をどうするかだ。

この基礎が脆弱では、その上にいくら立派な論理の城を建てたところで、いつか基礎が揺らいで、すべてが崩壊してしまわないとも限らないのである。したがって、基礎となる原理は絶対確実なものでなければならない。

再び「確実性」の問題である。われわれは堂々巡りをしているようだ。

デカルトは発想を転換した。絶対確実なものがあるかどうかを吟味するためにも、一度あらゆるものを疑ってみるべきだ。それも生半可な疑いではなく、ほんの少しでも疑いをかけうるものは、完全な誤りとして破棄するのである。石橋を壊れるまで叩くのだ。

その結果、「絶対確実なものなど何もない」ということになるかもしれない。だが、それならそれで結構。そのときには「絶対確実なものなど何もない」ということ自体が確実だからだ――そのくらいの覚悟をもって臨むべきである。

このように、絶対確実な真理の探究のために、疑いのハードルを目いっぱいあげて一度あらゆるものを疑ってみること、そしてほんの少しでも疑いをかけうるものは力いっぱい破棄すること、これを〈方法的懐疑〉という。

われわれの次のステップは、これを実際にやってみることである。

コギト・エルゴ・スム

われわれはまず、「疑いの達人」にならねばならない。

あなたはいま、何をしているだろうか。おそらくこの本を読んでいるはずだが、まずはそれを疑ってもらいたい。なに、簡単なことである。

例えばあなたは、かなり前に交通事故で意識不明の重体になり、いまも病院のベッドで眠りつづけているのだが、ある狂った科学者の手によって脳を操作され（あなたの脳には無数の電極が刺さっている）、非常に精巧なバーチャルリアリティの世界をさまよっているだけかもしれない。現実との対応など、ひとつもないかもしれないのだ。

もっと単純に、あなたがいま体験していると思っていることのすべては夢かもしれない、と疑ってみてもよいだろう。いずれにせよ、あなたが感覚したり、体験したりしていると思っていることは、どれも容易に疑いをかけうるのである。したがって、〈方法的懐疑〉の方針により、これらはすべて絶対的な誤りとして破棄されなければならない。

それではデカルトが若い頃、あれだけ熱中し、また信頼を寄せた数学はどうだろうか。数学こそ、絶対確実なものの代名詞といえるのではないだろうか。

だが、どんなに単純な計算や証明でさえ、計算ミスをしたり、誤った推論をしたりすることがあるのだから、やはり数学も疑いをかけうる。計算ミスや誤った推論は個人がヘマをやらかしているだけだ、と反論されるかもしれないが、この瞬間、黒魔術か何かに呪われて、全人類がそうとは気づかずに、今後は間違った計算や推論しかできなくなっているかもしれないではないか。

数学もまた、疑いをかけうる。したがって、〈方法的懐疑〉の方針により、絶対的な誤りとして破棄しなくてはなるまい。

だいぶ〈方法的懐疑〉に慣れてきただろうか。

ここから先は、あなたのことはあなたにまかせよう。私があなたの代わりに疑うことはできないからだ。私は私で、疑うことをつづけよう。

私はいまカフェにいて、外を行き交う人々を眺めているが、これらはすべて幻覚かもしれない。夢かもしれない。

私の周囲の世界が、どんどん消えてゆく——外を行き交う人々、外の世界、店内の人々、コーヒーカップ、テーブル、椅子、店そのもの、私の手、私の顔、私の身体すべて……。

何もかもが消え去ってしまった。結局、確実なものなど何ひとつないのだろうか。

しかし、私は次のことに気がつく。

少なくとも、そう疑っている私は何ものかである、と。

それでもためらいが残る。私は、世界には何も存在せず、天も地も、精神も物体も存在しないと、自分に説得した。それゆえ私もまた存在しない、と自分に説得したのではなかったのか。

いや、そうではない。私が自分に何かを説得したのなら、確かに私は存在したのだ。

すべてを偽と考えようとする間も、そう考える私は何ものかでなければならないのだ。

それゆえ、私はこう結論しなければならない（あなたも同じ結論であればよいが）。

「私は考える《コギト》、ゆえに《エルゴ》私は存在する《スム》」

こうしてわれわれは、絶対確実な基礎を見いだした――そうデカルトは主張する。

この揺るぎない基礎の上に、一度は疑ったものを今度は確実なものとして呼び戻す――これがデカルトの次の目標である。だが、その工程はかなり技術的で難解である。また、デカルトの主著『省察』について語るところでも詳しく触れるので、ここでは単にアウトラインを示すだけにとどめよう。

コギト・明晰判明・神の存在証明（＊）

確実な基礎としてのコギト（私は考える）は見つかったものの、安心するのはまだ早い。確かにコギトは絶対確実だが、その上にどうやってわれわれの全知識を載せたらよいのか、まだわからないからである。いくら強固であっても、狭すぎてその上に何も建てられないのでは、土台としての意味をなさないだろう。確実であることと、「役に立つ」基礎であることは、まったく別問題である。

そこでデカルトは、まず、「私は考える、ゆえに私は存在する」という真なる命題がもつ確実性が一体何によって保証されるのかを考えた。そしてその確実性が、「考えるためには存在しなければならないことを、私は明晰にわかっている」ということ以外にはまったく依存していないことに着目し、次のような一般的規則を立てた。「われわれが、明晰にかつ判明にとらえることは、すべて真である」（デカルトの有名な「明晰判明の基準」）。

次にデカルトは、自分が「完全な存在の観念」をもつことから、完全な存在者、つまり神が存在しなければならないことを主張する（デカルトの有名な「神の存在証明」）。この極めてスコラ的な論証は、あとで見るように、発表当時すこぶる評判が悪かったし、現在でも同様である。が、いまは目をつぶって、アウトラインに集中しよう。

デカルトがわざわざ神の存在証明を必要としたのは、「神が私を欺く」ことを恐れていたからである。神のような絶対的な存在者がいて、なおかつそれが私を欺くのなら（あるいはそう疑いうるのなら、〈方法的懐疑〉の方針により）、何かを確実に知ることなど絶望的であることになる（コギトを除いて）。

奇妙に聞こえるかもしれないが、この恐れは、神の存在証明によって吹き飛ばすことができる。換言すれば、神が存在することがわかれば、自動的に、神が私を欺かないこともわかるのである。なぜなら、欺こうとすることは弱さや不完全性の表れであって、これは神の定義（完全性）に反するからである。

神が私を欺かないことが（神の存在自体によって）明らかとなったので、私の判断能力——これは神が私に与えたものである——は、正しく用いさえすれば私が誤るようなものではないことも同時にわかった。つまり、神の存在証明は、私の判断能力の品質保証にもなっているのだ（それも最高の太鼓判である）。神の存在を確保できたデカルトは、「われわれが明晰かつ判明にとらえることは、すべて真である」という基準に、いまや全幅の信頼を寄せることができる。これでようやく、（私と神以外の）様々な事柄の認識にいたる道筋が見えてきたわけである。

まとめると、こうなる。「私は考える、ゆえに私は存在する」というしっかりした土台は見つかった。問題は、この基礎の上にどうやって知識を積み重ねるかだ。土台そのものの確実性を保証するのは、「明晰判明の基準」であった。これを使いたい。しかし、神（的な存在）が私を欺かないとは限らない。だが、神は存在する（存在証明）。ゆえに、神は私を欺かない（神の完全性）。したがって、明晰判明の基準を使って、強固な基礎の上に知識を拡張しうるのだ。

これを読んで何が何だかよくわからないと思っても、がっかりすることはない。当時の『方法序説』の読者たちも、やはり何が何だかよくわからなかったのである。デカルトがこのあと、主にメルセンヌ・コミュニティを通じて、膨大な書簡のやりとりをしなければならなかったという事実が、そのことを如実に表している。

さて、われわれはコギト（私は考える）のもうひとつの側面に触れなければならない。

〈私〉とは何か

われわれは〈方法的懐疑〉によって、「私は在る、私は存在する」という真理に到達したわけであるが、その〈私〉が一体何であるかについてはまだ考えていなかった。

デカルトは次のように考えた。

われわれは、身体もなく、世界も、自分のいる場所もないと想像しうるが、自分が存在しないと想像することはできない。なぜなら、そのように想像すること自体から、極めて明証的にかつ確実に、私が存在することが帰結するからである。すなわち、考える私とは、その存在を否定しようとすればするほど、また消そうとすればするほど、ますます確実にその存在が浮かび上がってくるような何ものか、なのである。

他方、ただ私が考えるのをやめるだけで、身体や世界、その他すべてのものがあったとしても、私が存在すると信じるいかなる理由もなくなる。

すると、どういうことになるのか。デカルトはこう結論する。

私はひとつの実体であり、その本質、本性は考えるということだけにあって、存在するためにはいかなる場所も必要とせず、いかなる物質的なものにも依存しない。

したがって、この〈私〉、すなわち、考えるもの（精神）は、身体（物体）からまったく区別され、たとえ身体（物体）がなかったとしても、完全にいまある通りのものであることに変わりはない。

少し時期尚早であるが、このデカルトの思想に名前を与えておいたほうが便利であろう。精神と身体を二つの異なる実体とみなす考えを〈心身二元論〉という。「少し時期尚早」と言ったのは、その正確な規定については、デカルトの次の著作『省察』まで待ったほうがよいからである。だが、ここで名前だけでも覚えておいて損はない。

厄介なのは、「実体」という言葉である。ここでは「神を除いて、他の何にも依存せずに存続しうるもの」くらいに理解しておきたい。神が実体を創造するのだが、実体は本性上不滅であり、神によって無に帰されるのでなければ、存在することをやめない。

となると、精神と身体を二つの異なる実体とみなすデカルトの〈心身二元論〉によれば、精神と身体は、互いが互いなしに存続しうる、ということになる。精神は身体にまったく依存しないのだから、身体とともに死すべきものではない、ということになる。すなわち、魂（精神）は不死である、ということだ。

デカルトが『方法序説』を書き上げたのは、愛娘フランシーヌとのささやかだが幸せな日々を過ごしていた頃である。死の足音は、まだ聞こえてこない。もしかすると、自分を産んだせいで死んだと信じていた、母のことが脳裏に浮かんでいたのかもしれない。

『方法序説』に対する二つの反論

多くの仲間たちが待ちわびた『方法序説』の発表は、案の定、大きなセンセーションを巻き起こした。

この作品が、最も有名な「序説」の部分に加えて、『屈折光学』、『気象学』、『幾何学』の三論文を含む大著であったことを思い出そう。同時代人からの批評は、「序説」と三論文のすべてに向けられることになった。そうした批評の中には、史上最高のアマチュア数学者フェルマによる『屈折光学』に対する批判も含まれる。

当然ながら、「序説」の部分に対しても多くの批評が寄せられた。親友メルセンヌですら我慢しきれず、「どうして魂が身体から区別される実体であるのか、よく理解できない」とストレートに疑問をぶつけている。メルセンヌのこの疑問は、当時の『方法序説』の読者たちに共通する極めて一般的な反応だったと見てよいだろう。もっともこの点に関しては、現代の読者もあまり変わるところはない。

デカルト自身が「注目に値する」とした反論は、次の二つだけであった。

「人間精神が自分自身に向き直ると、自分を考えるものであるとしか認識しない。それはいいだろう。だがそのことから、精神の本性、本質がただ考えるということだけに存する、ということは全然帰結しないはずだ」

つまり、「考えるものであるとしか認識しない」からといって、「実際に考えるもの以外の何ものでもない」と結論することは論理の飛躍である、というわけだ。認識のレベルと実在のレベルを混同しているのではないか、という批判としてもとれる。

二つ目の反論は、こうだ。

「私が、私より完全な存在の観念をもっているからといって、その観念そのものが私より完全であるということは帰結しないし、ましてやその観念によって表現されているものが存在するということも、まったく帰結しない」

デカルトの神の存在証明に向けられた批判である。ごもっとも、とでもいうほかない。

自著公刊後に寄せられたおびただしい数の書簡への応答——その多くはデカルトにとって益になるより、相手が自分の愚かさを知るためだけに役立った——を通じて、デカルトは徐々に次の作品について考えるようになっていった。そこでは、デカルト自身が「注目に値する」と考えた二つの反論に答えることはもちろん、『方法序説』における「大衆向け」の説明では不完全になってしまった形而上学——魂の本性と神の存在——を、より完全な形で展開することが目的になるだろう。——次の著作は、専門家読者のために書こう。むろん、ラテン語で。

普段はマイペースな天才哲学者が、珍しくプロとしての心意気を表した瞬間であった。

『第一哲学についての省察』

文句なしに、デカルトの主著にして最高傑作である。

一六四一年パリで第一版が、翌年にはアムステルダムで第二版が出版された。自費出版であり、多大なる時間と労力をつぎ込んだ渾身の作品である。ときにデカルト、四五歳。

表題はもう少し長く、『第一哲学についての省察、そこでは、神の存在と魂の不滅が証明される』という。ただし、「そこでは、神の存在と魂の不滅が証明される」という副題はメルセンヌがつけたものである。第二版を出す際、デカルトはこれを「そこでは、神の存在、および人間精神と身体との区別が証明される」という、内容をより正確に反映した副題に差し替えている。以下では単に『省察』と呼ぶことにする。

いずれの副題でもよいが、それらが示しているように、この作品のテーマは、徹頭徹尾、形而上学である。哲学者が形而上学に関する論文を書くということは、音楽家がバッハの音楽を演奏するのと同じくらい覚悟のいることである。形而上学は哲学者としての力量が最も如実に表れる分野だからだ。そうした覚悟の表れか、この作品においては『方法序説』に見られた自伝的エピソードはなりをひそめ、学術論文としての硬質なスタイルが前面に押し出されている。

とはいえ、デカルトの手にかかれば、学術論文でさえも比類なき個性を放つのである。

確かに自伝的要素は見当たらないが、作品全体は一人称「私」で貫かれている。省察を行っているのは紛れもなくデカルト本人であり、また読者である。『方法序説』と同様に、読者は『省察』を読むことによって（テキスト中の「私」に自分を代入して）、デカルトの思考プロセスを追体験できるのだ。しかも今度は、極上の形而上学的思考である。

また、書物の形式もなかなか凝っている。「第一省察」から「第六省察」まで、計六つの章立てからなるスタイルは、六日間にわたって「私」が毎日ひとつずつ省察を行うという設定になっている。カトリックの行事「黙想」にちなむという説もあるが、私にはどこか、旧約聖書の『創世記』における天地創造を思わせる壮大さが感じられる。

内容に踏み込む前に、まずは各省察のテーマをざっと眺めてみよう。

第一省察　疑いをかけうるものについて

第二省察　人間精神の本性について、精神は身体よりもよりよく知られること

第三省察　神について、神は存在すること
第四省察　真と偽について
第五省察　物質的事物の本質について、そして再び神について、神が存在すること
第六省察　物質的事物の存在について、そして精神と身体の実在的区別について

非常に大まかではあるが、全体のよいあらすじを与えている。

基本的に『省察』のストーリーは、「コギト・明晰判明・神の存在証明」のところで概観した工程をなぞったものであり、そこにより詳細な神の存在証明（「第三省察」）と、『方法序説』に寄せられた批判に対する応答（主に「第五省察」、「第六省察」）が盛り込まれる、という形になっている。

次節ではそのストーリーを、細かい証明抜きで概観することにしよう。同じような話を繰り返しても退屈なので、「コギトの脱出ゲーム」と称してそのストーリーを追ってみたい。

コギトの脱出ゲーム（＊）

このゲームは、〈方法的懐疑〉の末、「私は考える、ゆえに私は存在する」という命題に到達したところからスタートする。すなわち、コギト（私は考える）はもうすでにゲットした状態だ。

ゲームの目的を説明しよう。

主人公の〈私〉は、いまはまだ考える私の中に閉じ込められている。つまり、〈私〉以外の何かが存在しているとすら言えない状態だ。この状態から脱出し、かつて〈方法的懐疑〉によって疑いをかけ

破棄した物質的事物の存在にまでたどり着くことがこのゲームの目的である。失われた外の世界、外界を取り戻そう。

さっそくゲームスタートだ。

序盤は「コギト・明晰判明・神の存在証明」のところで概観した工程がそのまま使えるので、かなりラクである。まず「私は考える、ゆえに私は存在する」という命題の確実性が一体何によって保証されるのかを考えるのであった。そしてその確実性は、「考えるためには存在しなければならないことを、私は明晰にわかっている」ということ以外に少しも依存していないから、次のような一般的規則を立てられる。「われわれが、明晰にかつ判明にとらえることは、すべて真である」。

脱出するための重要アイテム「明晰判明の基準」を手に入れた。

このアイテムをうまく使えば、考える私の中から脱出し、外の世界にまでたどり着けそうなのだが、このままでは十分には使えない。使いこなすには、アイテムの封印を解く必要があるようだ。封印を解くには強力なボスを倒さねばならない。「欺く神」である。

神のような超強力な存在者がいて、それが〈私〉を欺くのなら（そう疑いうるのなら）、コギトを除いては何ひとつ——数学的な知識でさえ——確実に知ることなど不可能であることになる。〈私〉は考える私の中から脱出できず、絶対確実ではあるが、息が詰まりそうなほど狭い世界——考える私の中でのみ生きつづけることになるであろう。このままでは物質的事物の存在を知ることなど、絶望的である。

何か使えるアイテムはないか、〈私〉は自分がもつ観念（アイテム）を総チェックした。物体や人間を示す観念、天使を示す観念……どれも不確かで役に立たなそうだ。おまけにペガサスやセイレーンのような、紛い物、がらくたの観念まで紛れ込んでいる。

しかし、〈私〉はついに発見した。完全な存在、すなわち、「神」と呼ばれるものの観念である。この観念だけは、他の観念とはまったく異なる光を放っている。

その観念としての表現力があまりにも（無限に）大きいため、有限の〈私〉がその観念をつくったと考えることはできない。だが一方、無からは何も生じえないのだから、その原因として〈私〉とは異なる事物が存在しなければならないことになる。〈私〉がもつ観念の中でただ神の観念だけが〈私〉に原因をもちえない（その他の観念は、〈私〉、物体、神の観念から合成される）。ゆえに、神は存在する。

神の存在を証明した。

普通、ある観念が何かを表現しているからといって、その表現されている当のものまで存在するとは限らない（ペガサスやセイレーンの観念を考えてみるとよい）。しかし、神の観念だけは、（その表現力があまりにも大きいため）その原因が〈私〉にあると考えることができず、しかもそのことから、神の観念が表現する当のもの――すなわち、神――が存在することまで帰結するのである。

神の観念がもつこのレーザービームのような貫通力をうまく使って、考える私の中から外の世界に抜け出すことを考えよう。

だが、まずは「欺く神」を何とかするのが先決だ。

幸いなことに、神の存在が証明されたいまとなっては、「欺く神」におびえる必要はない。なぜなら、欺こうとすることは何らかの弱さや不完全性の表れであって、これは神の定義（完全性）に反するからだ。つまり、神が存在することがわかれば、自動的に、神が〈私〉を欺かないこともわかる、という仕組みである。

強力なボス「欺く神」を倒した。

アイテム「明晰判明の基準」の封印が解けた。

これによって、すでに確実なものとして得ている「私は考える、ゆえに私は存在する」という命題に、新たな光が当てられる。〈私〉の本性ないし本質に属していると認められるのは、〈私〉が考えるものである、ということ以外にはまったくない。〈私〉はこのことを明晰判明に理解しているので、〈私〉の本質がただ考えるということだけに存する、ということを正しく結論するのである。

この微妙なステップを見逃さないでほしい。『方法序説』に対する重要な反論のひとつは、こうであった。

「人間精神が自分自身に向き直ると、自分を考えるものであるとしか認識しない。それはいいだろう。だがそのことから、精神の本性、本質がただ考えるということだけに存する、ということは全然帰結しないはずだ」

つまり、「考えるものであるとしか認識しない」からといって、「実際に考えるもの以外の何ものでもない」と結論することは論理の飛躍だ、という反論である。

だがいまや、明晰判明の基準によって、両者の間にある障壁を取り除くことができるのだ。つまり、「考えるものであるとしか（明晰判明に）認識しない」ことから、「実際に考えるもの以外の何ものでもない」ことが正しく結論できるのである。封印の解けた明晰判明の基準によって、認識のレベルと実在のレベルを橋渡しすることができるのだ。

このあたりのコツがつかめたら、外界への脱出まであとわずかである。

戦略としては、まず、物質的事物の観念について考察し、その中から明晰判明なものを見つけだせばよい。〈私〉が明晰判明に認識するのは、連続的な量、あるいはこうした量をもつものの、長さ、広さ、深さにおける延長に他ならない。

これでもう、純粋数学の対象である限りにおいて（難解な言い回しだが、「物質的本性、すなわち延長にかかわる限り」という意味）、物質的事物が実際に存在しうることを示したことになる。なぜなら、直前で見たように、〈私〉は延長にかかわる限りでの物質的事物を明晰判明に認識しているからである。

だが、もう少しおまけがほしいところだ。というのも、〈私〉は延長にかかわる限りでの物質的事物を認識するだけでなく（それではただの幾何学である）、色、音、味、苦痛などを感覚するからである。これらはむろん、かつて〈方法的懐疑〉によって徹底的に退けられたものである。いまや事情が変わった。神の存在が証明され、明晰判明の基準もある。

ところで、〈私〉には感覚能力があるが、その感覚の原因は〈私〉の中にはありえない。なぜなら感覚は、しばしば〈私〉の意に反してさえ現れるからである。現にいま、〈私〉はうだるような暑さを感じているが、これは〈私〉の意志ではどうしようもない。心頭滅却しようとも、暑いものは暑いのである。

すると感覚の原因は、〈私〉とは異なる実体、すなわち物質的事物のうちにあるはずだ。ゆえに、物質的事物は存在する。むろん、物質的事物のすべてが、〈私〉が感覚した通りに存在するとまでは言えないが（感覚は誤りうる）、明晰判明に理解する限りでは、それらは確かにそこにあるのだ。

物質的事物の存在を証明した。

こうして〈私〉は、見事考える私の中から脱出し、失われた外の世界、外界を取り戻すことに成功した。

コギトの脱出ゲーム、クリアである。

精神と身体の実在的区別

デカルトが自ら差し替えた『省察』の副題――「そこでは、神の存在、および人間精神と身体との区別が証明される」――が示しているように、精神と身体の区別はこの作品の目玉トピックである。われわれの心身問題の物語と直接関係があるトピックなので、ここでしっかり確認しておこう。前節に比べれば、ずっとシンプルな議論である。

まず、繰り返しになるが、私が存在することを私は知っており、かつ、私の本性ないし本質に属すると認められるのは、私が考えるものである、ということ以外にまったくない。つまり私は、ただ考えるものとしては、私自身の明晰判明な観念をもっている。

他方、身体が単に延長をもつものとしては、私は身体の明晰判明な観念をもっている。

われわれが、明晰にかつ判明にとらえることは、すべて真である。

したがって、私とはただ考えるもの、換言すれば、精神、魂であり、身体とはただ延長をもつものである。

ゆえに、私が私の身体から実際に区別され、身体なしに存在しうることは確実である。

この議論のコツは、精神と身体それぞれを区別するような明晰判明な観念を見つけだし、あとはいつも通り明晰判明の基準を使って、それらを実在的な区別にまでもち上げてゆく、というものである。このパターンにもだいぶ慣れてきたのではないだろうか。

こうして、『方法序説』の段階ではまだ不正確だったデカルト的二元論、〈心身二元論〉がついにその完全な姿を現したのである。精神と身体は実体として区別され、精神の本質はただ考えることにのみ存し、身体の本質はただ延長することにのみ存する。

ところで、『方法序説』で言及されていたように、〈心身二元論〉は魂（精神）の不死を許容しうる思想である（精神と身体は、互いが互いなしに存続しうるからである）。ゆえにメルセンヌは、『省察』の第一版に「そこでは、神の存在と魂の不滅が証明される」という副題を（勝手に）付け加えたのであった（メルセンヌという人は、「いい人」には違いないのだが、ときどき余計なおせっかいをしてデカルトを困らせることがあった）。

第一版が出版されたとき、愛娘のフランシーヌはすでにこの世になく、また彼女の死と同じ年に、父ジョアシャンが七八歳でこの世を去っている。デカルトは『省察』第一版の副題に書かれた「魂の不滅」という言葉を見て、内心穏やかではなかったのかもしれない。むろん、デカルトが第二版で副題を差し替えたのは、彼の学者としての良心にのみ基づく行為であったが、それでも、西洋哲学史上不朽の傑作である『省察』が出版された頃に、哲学者が深い悲しみと孤独を経験していたことを覚えておくのは無駄ではないだろう。

エリザベトとの出会い

デカルト渾身の作品『省察』は、当然のごとく、『方法序説』とは比較にならないほどの反響を巻き起こした。デカルトは再び、往復書簡による事後処理に追われることになる。

こうなることは『方法序説』公刊後に出会った様々な面倒から予測できたことで、実はデカルトは先手を打っていたつもりだったのである。出版前に『省察』の原稿を識者たちに委ね、事前にその反論を集めるとともに、自らの答弁をそれに付して出版する——事実、『省察』はこのような形で出版されたのであった。識者の中には、オランダのスコラ学者カテルス、おなじみのメルセンヌ、頑固者の英国人哲学者ホッブズ（デカルトは彼を軽蔑していたが、メルセンヌが勝手に原稿を送った）、ソルボンヌ気鋭の若手神学者アルノー、南仏の原子論者ガッサンディなど、錚々たる顔触れがそろっていた。

デカルトの思惑としては、予想される批判をあらかじめ取り揃えておき、余計な議論を前もって封じておこうとしたわけであるが、むしろ火に油を注ぐ結果となった。刺激的な応酬を載せたことにより、かえって議論を活発化させ、広げてしまったのだ。たぶん、余計なことをせず、黙っているのが一番よかったのだろう。デカルトは哲学者なる人々がどのような人種なのか、よくわかっていなかったようだ。

だが、著書の出版はデカルトにとって悪いことばかりではなかった。新刊の『省察』を読んだ人々の中には、ボヘミア王女エリザベトもいたからである。エリザベトは『省察』を熱心に読み、その感想をデカルトの友人でもあったアルフォンス・ポロにもらしていた。そして真の哲学をその源泉から汲みとるために、ぜひデカルトを宮廷に招きたいとポロに頼んでいたのである。

ポロはその旨をデカルトに伝え、デカルトも快くその申し出を受けた。デカルトは以前からエリザベトの知性をたたえる噂を耳にしたことがあり、しかも彼女が『省察』を読破し、その形而上学に賛同していると知って喜んでいたところだったのだ。

一六四二年に二人は実際に会い、以後、しばしばデカルトはハーグの宮殿にエリザベトを訪ねた。そこでデカルトは、エリザベトに数学や哲学を教えたり、二人で何時間も会話を楽しんだりしたようだ。このような交流が一年ほどつづき、エリザベトがハーグを退去して実際に会うことができなくなったあとも、二人は手紙のやりとりをつづけた。これはデカルトの死の直前までつづくことになる。こうした二人の交流の中から、やがて心身問題が姿を現すのである。われわれはすぐにその様子を目撃することになるであろう。

だがその前に、エリザベトその人についても手短に述べておこう。

哲学愛《め》ずる姫君

われわれはすでに赤ん坊の頃のエリザベトとすれ違っている。

デカルトが軍人として「世間という大きな書物」に学んでいた頃、三〇年戦争の緒戦となった戦い

（白山の戦い）に参加していたかもしれないことはすでに述べた。この戦いの中心にボヘミア王のファルツ選帝侯フリードリヒ五世がいたこと、デカルトがその敵側の軍人だったかもしれないこと、そして、フリードリヒ五世がエリザベトの父であることも、すでに述べた通りである。当時、デカルト二四歳、エリザベト一歳であった。

エリザベトはフリードリヒ五世の長女として、一六一八年一二月二六日に生まれた。父が一時期（わずか一冬）ボヘミア王を兼任していたので、彼女もボヘミア王女と呼ばれるのである。母エリザベス・スチュアートはイギリス国王ジェームズ一世の娘であった。

母エリザベスは陽気で親しみやすい人物だったので、母国イギリスのみならず、嫁ぎ先のファルツやボヘミアの人々にも大変慕われたようである。シェイクスピアの演劇を好み、それ以上にペットの犬を溺愛した。娘エリザベトにはうつ病の身体的症状があり、性格的にも内向的で極度の悲観主義者だったので、母と娘が似るところはほとんどなかった。

白山の戦いで敗れ、王位を剥奪されたフリードリヒ五世は、全ファルツ領もカトリック皇帝軍に占領され、家族を連れて各地を転々とする生活を余儀なくされた。やがて一家はハーグに亡命し、そこで落ち着くことになる。しかし、エリザベトが一四歳のときに父が病であっさりこの世を去り、残った一家は宝石を売って生計を立てるほどの落ちぶれようだったという。それでも母エリザベスが頑張って子供たちを育てたというのだから、驚きというほかない。何しろ彼女には一三人も子供がいたのだ（それも、半分以上が亡命中に生まれた子供である）。

とはいえ、家族がいつも一緒だったというわけではない。エリザベトは幼少時、ドイツ・ブランデンブルクの祖母の許に預けられ、そこで弟とともに幸せな子ども時代を過ごした。九歳のときに父母のいるオランダに戻り、ライデンにあった貴族の学校に通って、教育を受けることになる。古典語、歴史、法律、神学、数学、自然学など、多岐にわたる知識をむさぼるように吸収していった。

もとより学問好きではあったが、自分とはまるで性格の合わない母親から愛情を受けることが少なく、その代償を求めていた面も否めない。末妹ゾフィーによれば、エリザベトは人目を引くほどの美貌の持ち主であったが、当の本人はそんなことにまったく無頓着で、時間さえあればひたすら学問に打ち込んでいたという。仲のよい弟や妹たちはエリザベトを「ギリシア人」とあだ名し、彼女が学問に熱中する姿を愛情込めてからかったが、より世俗的な愉しみを好む母は、あまり好ましく思わなかったようだ。

エリザベトはハーグで二〇年過ごしたが、優しく理解のある祖母に預けられた幼少期に比べると、性格や好みがまるで合わず、やがてペットの犬ばかりを溺愛するようになった母と過ごした二〇年間は、彼女にとってあまり幸せなものとは言えなかった。

エリザベトが『省察』を読み、デカルト本人に会いたい旨をポロに伝えるのは、ちょうどその頃である。エリザベト二四歳、デカルト四六歳であった。

デカルト＝エリザベト往復書簡

デカルトとエリザベトの間で書簡が交わされたのは、一六四三年から一六四九年までの七年間である。現在では五九通の書簡が残されている。

書簡の内容は極めて多岐にわたる。あとで詳しく見る心身問題にはじまり、解析幾何学、健康管理、道徳や世界観、セネカの『幸福なる生について』やマキャベリの『君主論』を読んだ感想、温泉の効用や医療の現状、宮廷の雑事、庶民の貧困、等々。

私信というプライベートな空間を利用して、デカルトが自らの著作や公の議論の場ではけっして口にしないようなテーマについて語っているところが面白い。しかも、ただ単に面白いだけでなく、そこで深められた話題がのちの著作『情念論』で取り上げられるなど、デカルトの思想形成を示す貴重な資料にもなっているのだ。

それにしても、健康について語るときのデカルトは生き生きしている。「健康こそは人がこの世でもちうる他のあらゆる善の基礎である」というのがデカルトの健康哲学であった。エリザベトのほうも、生来のうつ病的な症状に加えて、腫れ物、湿疹、微熱、空咳、胃病にしばしば悩まされていたので、迷信まがいの治療法を勧める侍医ではなく、デカルトに相談をもちかけていたのである。もっとも、三六〇年以上たったいま、デカルトの治療法も迷信と大差ないのであるが。

デカルトがエリザベトに健康に関するアドバイスをする際に、精神のありようやものの見方に力点を置いていたことは注目すべきである。例えばデカルトは、微熱の通常の原因は悲しみであると断言し、精神をあらゆる悲しい考えや学問についての思索から解き放ち、新緑の森や色とりどりの花などを眺めて、頭をからっぽにすることを勧めている。「それは時間の浪費などではなく、むしろ時間をうまく使うことなのです」と。デカルトは自らの経験を引き合いに出して、こんなふうに述べている。

「いま申し上げたようにして、殿下とほとんど同じか、あるいはもっと危険な私の病気が実際に治ったのです。

私の母は心労が原因で肺を病み、産後数日にして死んでしまいました。私は母から空咳と青白い顔を受け継ぎ、二〇歳過ぎまでずっとそうでした。そのため、若い頃の私を診た医者たちは、私が若死にすると宣言しました。

しかし、世の中の出来事を私にとって快いものにしてくれる角度から眺め、私の満足は私にのみ依存するのだと考えるようになって、私の不調は完全に消え去ったのです」

対するエリザベトの態度は、終始こんなふうであった。

「私は、自分の幸福が運命や人間の意志に依存するとは思いませんわ。

私の身体は大部分、女性という性の弱さでいっぱいであり、精神の悩みによって簡単に動かされ、精神と仲直りする力がまったくないのです。

もしもデカルト様が私の人生のすべてをご存じだったら、私のような感じやすい精神が多くの災難の渦中にあって、それでもなお、弱い身体でこんなにも長くもちこたえているのを、病気の原因より不思議に思うかもしれません。

私は自分が少しばかり理性的であるのを不都合に感じることがあります。私がまったく理性的でなければ、私がともに生きなければならない人たちと共通の楽しみを見いだして、病気が悪化することもなくなるでしょうから。反対に、もし私がデカルト様と同じくらい理性的だったら、デカルト様と同じ方法で私の病気もよくなるでしょうから」

われわれはこんなところにも、デカルトとエリザベトの間の「すれ違い」を認めることができる。

精神のありようやものの見方に力点を置くデカルトに対し、エリザベトは終始、精神の不安定性を身体に結び付けて語ろうとする。またデカルトが、ときには理性のスイッチをオフにして、自然の中に身を置くことも大切だと説くのに対し、エリザベトが、自分の悩みは「私が完全に理性的でもなければ非理性的でもない」というジレンマの中にあるのだ、と反論している点は注目に値する。

このような「すれ違い」の中にこそ、心身問題の本質がよく表れているのである。

心身問題の誕生

一六四三年五月のある日、オランダ北部の小さな村エフモント・オプ・デ・フフにあるデカルトの家に、一通の手紙が届いた。デカルトにはそれがエリザベトからのものであることがすぐにわかった。少し前にデカルトは、エリザベトを訪ねにハーグの宮廷に赴いたのだが、行き違いがあって会えなかったのである。

デカルトは書斎の椅子にどっかと腰を下ろし、手紙に目を通した。先日の出会いが成立しなかったことを残念に思います、と挨拶を述べたあと、エリザベトの手紙はこんなふうにつづいている。

「人間の精神――ただ考えるということだけに本質が存する実体――はいかにして身体が意志的な運動をするように決定できるのか、どうか教えてください。

といいますのも、運動の決定は、動かすものからどのように押されるか、そして動かすものの表面の性質や形がどうなっているかによって決まると思われるからです。押され方や表面の性質という条件には接触ということが要求されますし、表面の形という条件には延長ということが要求されます。

デカルト様は精神の概念から延長を完全に排除なさっています。しかし接触ということは、非物質的なものとは両立しないと思われます」

そしてエリザベトは、実体としての精神に、考えるということ以外のものが含まれるかどうかを尋ねている。

手紙を読み終え、デカルトはふうとため息をついた。そしてすぐに返事を書こうとペンをとったが、ふと手が止まった——何かが、引っ掛かる。

最初デカルトは、エリザベトの疑問は『省察』の単なる「誤読」の一種であると思った。それも非常にありふれた、初歩的な誤読である、と。『省察』を読めば、その意図が心身の区別の証明にあるのであって、心身相互の働き合いや心身の合一にあるのではないことは明らかではないか。「そこでは、神の存在、および人間精神と身体との区別が証明される」という副題をよく読んでほしいものだ。

だが、エリザベトの単純率直な問いかけは、妙に哲学者の心を動かした。これを単なる誤読と済ませてよいものか——しかしデカルトは、忙しさにかまけてお茶を濁した。

「例えば、重さは実在的な性質ですが、それについてわれわれが知っていることは、ただそれが物体を地球の中心へと動かす力をもつということだけです。そう考えれば、重さがいかにして物体を動かし、また重さがいかに物体と結合しているのかを、容易に理解することができるでしょう。しかもわれわれは、ある物体の表面が他の物体の表面に接触することによって重さが働く、つまり、物体が地球の中心へと動かされるとは考えないのです」

要するにデカルトは、精神と身体を、重さと物体の比喩に訴えて説明したのである。

むろん、大人の知性の持ち主であるエリザベトに、こんな子供だましの説明が通用するはずはなかった。かえってエリザベトの底知れぬ好奇心を刺激し、さらなる反論の呼び水となったに過ぎなかった。実際、エリザベトはすぐさま手紙を書いてよこし、デカルトを質問攻めにした。

「デカルト様が重さについておもちの観念によっては、(延長ではなく非物質的な) 精神がいかにして物体を動かすことができると判断すべきなのか、理解に苦しみますわ。重さを考えることによって、どうしてある物体が他の非物質的なものによって押されうることを納得できるのか、それがわからないのです。非物質的なものは、物質的原因とはまったく関係をもちえず、物質の否定としてしか理解できません。

精神に物質や延長を認めるほうが、非物質的なものに、物体を動かしたり動かされたりする能力を認めるよりも、私にはずっと容易なことだと申し上げます。それ以外の考え方で、精神は身体なしに存続でき、また身体とは何の共通性もないけれど、にもかかわらず身体に強く支配されている、といったことを理解するのはとても難しいことです」

ここには心身問題が最も先鋭化された形で表れている。延長をもたず非物質的な精神がいかにして身体を動かしたり、あるいは身体から影響を受けたりするのか——これこそが心身問題である。

さらに鋭く、執拗になったエリザベトの質問を読んで、デカルトは慌てた。といっても、自分の理論が追い詰められたと思ったからではない。前回の自分の答えを、エリザベトが不真面目なものと受け取ったのではないか、と心配したからである。

そこでデカルトは、三つの原初的概念 (それぞれがある特定の仕方で知られる概念) を区別することから次の手紙を書きはじめた。三つの原初的概念とは、精神の概念、身体の概念、精神と身体の合一の概念である。

これら三つの原初的概念は、それぞれ理解のされ方が異なるという。精神は純粋知性によってしか理解されず、身体（延長、形、運動）は純粋知性のみによっても理解されるが、想像力（連想する能力）に助けられた知性によってよりよく理解される。また、精神と身体の合一は、知性だけによっても、想像力に助けられた知性によっても漠然としか理解されないが、感覚によって明晰に理解されるのである。それゆえ、まったく哲学をしたことがなく、感覚しか使わない人々は、精神が身体を動かし、身体が精神に作用することを少しも疑わないのだ、とデカルトは主張する。

これらの異なる理解のされ方に対応して、デカルトは次のように述べている。形而上学は精神の概念をわれわれに親しみやすいものにするのに役立ち、数学の研究はわれわれが極めて判明な物体の概念を形成するのに役立つ。そして最後に、精神と身体の合一を理解するようになるのは、生と日常の交わりだけを用い、省察したり想像力を働かせたりすることを差し控えることにおいてである、と。

その上でデカルトは、少々ショッキングなことを手紙に書いている。

「精神と身体の区別とその合一とを、極めて明晰にかつ同時に理解することは、人間精神にはできないと思われます。というのも、そのためには、心身をただひとつのものと理解すると同時に、二つのものと理解しなければなりませんが、それは矛盾するからです。

しかし殿下は、精神に物質や延長を帰属させるほうが、精神に、物質性をもたなくても物体を動かしたり、あるいは物体に動かされたりする能力を帰属させるよりも容易である、とお考えですので、どうぞご自由に物質と延長を精神に帰属させますようお願い致します。それこそが精神を身体に合一したものと理解することに他ならないからです」

そして精神と身体の合一をよく理解し、自分で体験したあとでは、合一における「身体（物体）」は考えることそのものではないこと、また、そこで精神に帰属された「延長」は、物質の延長とはまったく別の性質のものであることが理解されるであろう、とデカルトはつづける。つまり、結局は心身の区別に立ち戻ってくるのだ、と言いたいわけである。

エリザベトはもう一度デカルトに反論の手紙を書いているが、残念ながら、この話題に関する二人のやりとりはそこで終っている。結局、二人の主張は平行線のまま、けっして交わることはなかった――まるでデカルトの形而上学における精神と身体のように。

こうして近代哲学の父デカルトと、悲運のボヘミア王女エリザベトとの出会い（あるいは「すれ違い」）から、西洋哲学史上最大の難問のひとつ、心身問題が誕生したのであった。われわれは以下の章で、この難問に果敢に挑んだ思想家たちの姿を見ることになるだろう。

だがその前に、デカルト流の「哲学的生き方」について、そしてデカルトとエリザベトそれぞれの晩年について簡単に触れ、本章を締めくくろう。

デカルト流「哲学的生き方」

前節では三つの原初的概念――精神の概念、身体の概念、精神と身体の合一の概念――とそれらの異なる理解のされ方について触れた。『デカルト＝エリザベト往復書簡』を訳した山田弘明に倣って少々図式的にまとめれば、〈精神の概念・純粋知性・形而上学〉、〈身体（物体）の概念・想像力に助けられた知性・数学〉、〈精神と身体の合一の概念・感覚・生と日常の交わり〉となるだろう。

実はデカルトは、エリザベトに宛ててこんなふうにも述べている。

「私が研究において常に守ってきた主な規則は、次のようなものです。

想像力を用いる思考については、一日のうちごくわずかの時間しか用いず、知性のみを用いる思考については、一年のうちごくわずかの時間しか用いないこと、他の残りの時間については、感覚の弛緩と精神の休息とに当てることです。人々との真面目なつき合いや注意を用いなければならないすべてのことも、想像力の行使に数えています。

一生に一度、形而上学の諸原理を十分に理解することは――それこそがわれわれに神と精神の認識を与えるものですから――極めて必要なことであると私は思います。とはいえ、知性をそうした諸原理の省察にたびたび用いるとするなら、知性は想像力や感覚の機能に十分携わることができないので、極めて有害であるとも思います。

一番よいのは、いったん知性から引き出した結論を自分の記憶や信念のうちにとどめるだけで満足し、次いで研究のために残った時間を、知性が想像力や感覚と働き合うような思考に用いることだと思います」

つまり、一生に一度、形而上学の問題に真剣に取り組んだら、そこで知性が得た結論を記憶の小箱に大切にしまって、あとは想像力や感覚を用いるような研究に時間を割いたり、花鳥風月を愛でたりするように勧めているのだ。

哲学に対するこのような態度は、デカルトの精神の美質であると私は思う。われわれは哲学的な難問に直面するとき――そして、それが重要な問いであると思えば思うほど――それを「知的」な問題としてのみ理解し、「解決」が得られるまで、疲れ果てるまで考え込んでしまいがちである。

エリザベトがまさにそうであった――彼女は心身問題を「知的」な問題とみなし、その「解決」を求めて一生懸命考えたのであった。そんなエリザベトにとって、師デカルトの返答は、あるいは不真面目なものに映ったかもしれない。少なくとも、彼女の知的満足を得られるようなものではけっしてなかったはずである。

だがデカルトは、嘘偽りなく、彼自身の「哲学的生き方」とその勘所を、ほとんど唯一の弟子と言ってよいエリザベトに伝えたのだ。それはすなわち、知性にとっては哲学的な矛盾や乖離に思われるものを、いわば人間らしい暮らしや生活の中で解消する道である。

このようなデカルト独特の「哲学的生き方」は、これから心身問題の歴史を追ってゆくわれわれにも示唆するところが大きいだろう。読者の方も、心身問題について考えるのに疲れたら、デカルトの勧めに従って、自然の中に身を置いてみてはいかがだろうか。

デカルトの晩年

デカルト晩年の物語は悲劇と喜劇が入り混じった奇妙な混合物であり、泣いていいのか笑っていいのか、よくわからない代物である。

オランダにおけるデカルトの最後の月日は、『情念論』――精神による知覚や感覚、情念を主題とした作品――を公刊するための作業に費やされた。いまふうにいえば、デカルトの「心の哲学」の集大成であるこの作品は、一六四九年一一月にアムステルダムとパリで出版された。

デカルトはこの作品の中で、かの悪名高き「松果腺説」を提示している。それによれば、精神は松果腺（脳の中心にある小さな腺）のうちにその主座をもち、そこから神経や血液を介して、身体の他のすべての部分に影響を与えているのだという。また精神は、この腺のうちに起こる様々な運動に対応する多様な刻印、つまり、多様な知覚を受けとるようにできているというのだ。

この説を心身問題に対する解答として考えるなら、これほど的外れなものもないだろう。エリザベトのがっかりした顔が目に浮かぶようである。彼女ならこう反論するだろう。

「私が知りたいのは、精神と身体がどこで関係し合うか、ではありませんわ。いかに関係し合うか、なのです」

デカルトとエリザベトが心身問題に関して平行線をたどる中、デカルトに急速に近づいてくる人物がいた。スウェーデン女王クリスティナである。このうら若き女王は、その小柄で可憐な容姿に似合わず、二三歳にして有能な統治者であり、恐るべき身体能力をもつスポーツウーマンであり、噂によれば、馬に一〇時間乗りつづけても疲れを見せず、おまけに寒さにめっぽう強いときていた。他方で豊かな教養をもち、当時の学問について独自の判断を下せるほどの知識があったという。

クリスティナはデカルトの『情念論』に強い感銘を受け、さらにデカルトの哲学全体を研究したいと考えた。そこで、当時駐スウェーデン・フランス大使をつとめ、彼女の信望も厚かったピエール・シャニュ（彼はデカルトの友人でもあった）を介して、デカルトのスウェーデン招聘に乗り出したのである。

気候を最優先してオランダに住むことを選んだデカルトにしてみれば、寒風吹きすさぶ北の果てまで出向くなど、到底気乗りがしなかった。執拗な招聘の手紙をのらりくらりとかわしながら、何とかして断る口実をひねり出そうと苦心するのであった。

しかし、若き女王のほうが何枚も上手であった。一六四九年四月、クリスティナは軍艦まで派遣して要請してきたのである。これにはさすがのデカルトも驚き、とうとう女王の招きを受け入れることにした。この年の一〇月、デカルトはストックホルムに赴き、得意満面の笑みを浮かべたクリスティナの手厚い歓迎を受けることになる。

次いで女王は、この当代随一の哲学者から哲学を教わるための手順を打ち合わせた——正確にいえば、女王が一方的に取り決めただけであったが。

「ときにデカルト殿、此度の計画を首尾よく達成するには、わらわも、もてる才能と努力のすべてを注がねばならぬと思っておる」

「はっ、殊勝なお心がけにございます」

「そこでじゃ。国務から解放され、心も落ち着き、一日で最も静かで、最も自由な時間を勉強のために選ぶべきではないかと考えた」

「なるほど……」

「すると、起床後の一時間、毎朝五時から六時に勉強するのが理にかなっておろう」

「……」

デカルトは絶句した。軍隊にいたときでさえ、子供時代からの「ベッドの中の瞑想」を欠かさなかったデカルトである。凍てつくようなスウェーデンの冬に、毎朝四時の起床を強いられることになるとは……。

しかし、デカルトはもち前の騎士道精神を発揮し、朝寝の習慣に慣れ切った自らの体に鞭打って、クリスティナの希望通りに哲学の講義を行った。取り巻きの兵士たちも眠気と寒さで意識が朦朧となる中、若き女王だけが、ひとり平然とした様子で熱心に勉学に励むのであった。

ほどなくして、ストックホルムで世話役をしてくれた大使のシャニュが、肺の炎症から重症に陥った。デカルトの献身的な看護のおかげで彼は治ったが、今度はデカルトが同じ病気に倒れた。この知らせに驚いたクリスティナは医者をよこしたが、自分よりも劣った医学の知識しかもち合わせていない連中の指示に従うつもりなど毛頭なかった。特に瀉血——当時一般に行われていた、血液を体外に放出することで症状の改善を狙う治療法——に関しては、あらんかぎりの力でこれを拒んだ。

だが、容態はどんどん悪化し、ついにデカルトも折れて、機会をうかがっていた医者に瀉血されることを承知した。このために一度死にかけたが、またもちなおした。

最後の二日間、デカルトは極めて平静な状態を保った。シャニュによれば、デカルトは人生と人々に満足し、神の善性を信頼しつつこの世を去る身ぶりを何度もしたという。

そして一六五〇年二月一一日午前四時、ルネ・デカルトの比類なき精神は、静かにその肉体を離れた。五三歳であった。

エリザベトの晩年

エリザベトがデカルトの訃報に接したのは、シャニュからの手紙によってであった。

「殿下、われわれはデカルト氏を失ってしまったことを、この上なく悲痛な思いでお伝えしなければなりません。デカルト氏の最後は、氏の人生と同じく穏やかで安らかでした」

エリザベトは突然師を失い、悲嘆にくれた。だが、彼女はシャニュに返信し、気丈にも師の最後について詳しく尋ね、自分がこれまでデカルトに出した手紙の返還を要求した。

その後、エリザベトはどんな人生を歩んだのだろうか。

若き日のデカルトも参加したであろう三〇年戦争もようやく終わり、ウエストファリア条約によってエリザベトの兄カール・ルートヴィヒは名誉を回復、ファルツ選帝侯に復帰した。これによりエリザベトも一時期ハイデルベルクに戻ったが、母エリザベスと非常によく似た性格のこの兄とは折り合いが悪く、結局はカッセルに移り住んだ。

その後一六六一年、四三歳のときにヘルフォルト尼僧院に入り、六七年に院長となった。エリザベトは相変わらず知的好奇心が旺盛であり、リーダーシップを発揮して院の図書室を拡張し、自らの蔵書を寄付したり、最新の哲学や科学の書物を収集したりして、女性が学問できる場とした。自らはあくまでデカルト哲学の信奉者であったが、ガッサンディの哲学に関心を寄せ、熱心に研究した。エリザベトはいつまでも「ギリシア人」のあだ名が表す通りだったようだ。

思想の庇護者としてのエリザベトに救われた人々は多い。

当時、宗教的迫害にさらされていたアンナ・マリア・ファン・シュルマンという有名な女流学者もそのひとりである。彼女が率いるラバディストという名の神秘主義的な新興教団を、周囲の反対を押し切って二年間かくまった。

次いで、やはり宗教的迫害を受けていたイギリスのクエーカー教徒ウィリアム・ペンを二度ほど客人として招いた。ペンはこのあとアメリカに渡り、ペンシルベニア州の建設に尽力した人物である。彼はのちに、エリザベトの死を悼む文章を残している。

世界最高の頭脳にも臆せず物申したエリザベトの気骨は、変わるところがなかった。

だが、エリザベトにも最後の時が近づいていた。かつて師デカルトが手紙の中で「美の三女神カリテスを思わせる」と形容したその若さと容姿は、いまや「老学者を想起させる」と伝えられていた。

晩年のエリザベトは、「熱烈に神を愛する」神秘主義に傾いたという。本来的にはデカルトと真逆の精神の持ち主で、極度の悲観主義者かつ懐疑主義者であったエリザベトの本性が、死の間際になって噴き出したのだろう。もはや誰にも遠慮する必要はなかった。父親のように優しく、率直に諫めてくれた師はもういないのだから――。

一六八〇年二月八日、哲学愛ずる姫君エリザベトはこの世を去った。六二歳であった。

エリザベトが亡くなる二カ月ほど前、ひとりの青年が彼女を見舞っている。

「お加減はいかがですか。エリザベト様」

「ひどいものですわ。だめね、身体が弱ると、精神まで歪んでしまって」

「精神と身体の間には、驚くべき関係があるのです。もっともそれは、マルブランシュが考えるような関係ではありませんが……」

「まあ、素晴らしいわ。すると、何か新しい考えをおもちなのね」

青年は黙ってうなずいた。若者らしからぬ威厳と風格をたたえたその表情には、自己の才能に対する絶対的な自信がみなぎっていた。

「それではエリザベト様、私はそろそろ失礼致します」

エリザベトは、デカルトをも凌ぐ天才かもしれないこの青年の後ろ姿をじっと見つめ、最後に声をかけた。

「ごきげんよう、ライプニッツ殿。またお会いできたらよいのですが」

青年は振り返り、軽く会釈してエリザベトの部屋をあとにした。

二章　スピノザとライプニッツ

——心身平行説の形而上学

デカルトとエリザベトとの出会いによって誕生した心身問題は、次世代の思想家たちに受け継がれていった。中でもひときわ輝ける二つの巨星、オランダの哲学者バルーフ・デ・スピノザと、ドイツの哲学者・数学者ゴットフリート・ヴィルヘルム・ライプニッツの物語を見ることにしよう。

Gottfried Wilhelm Leibniz

Baruch de Spinoza

対照的な二人の思想家

解析幾何学よろしく、デカルトを原点とすれば、スピノザとライプニッツの二人は見事なまでに対照（対称）的な思想家である。その思想においても、生き方においても。

あくまで形式的に考えれば、心身問題――二つの異なる実体とみなされた精神と身体が、いかに働き合うことができるのか――に対してとりうるアプローチの数は、実はそれほど多くない。選択肢その一は、精神と身体の間の実体的な区別を保持したまま、両者の間を架橋する道であり、選択肢その二は、「実は、精神と身体は異なる実体ではなく、同じひとつの実体なのだ」と考える道である。デカルト哲学との関係でいえば、選択肢その一のほうが保守的であり、選択肢その二はかなりラディカルである。

こうした観点でラディカルな道を歩んだのがスピノザであり、保守的な道を歩んだのがライプニッツであった。

ところがこれが生き方の話になると、また別の様相を呈する。スピノザの生涯がデカルト以上に世俗の富や名声といったものに縁遠く、「真理への愛」に捧げられた一途なものであったのに対し、ライプニッツの生涯は複数の顔――哲学者・数学者・論理学者・外交官・法律家・歴史学者・地質学者・文献学者――をもつ、華々しいものであった。

彼らの生涯と思想のこの対比は、気に留めておいてほしい。

デカルトの〈心身二元論〉によって完全に引き離された精神と身体を、くっつけるのか（スピノザ）、それともそのままにしておくのか（ライプニッツ）――本章ではその分水嶺を見定めることにしたい。

まずはスピノザの生涯を紐解くところからはじめよう。

スピノザ一家

スピノザ一家はセファルディム、すなわち、一五世紀後半の排斥までイベリア半島に住んでいたユダヤ人の子孫である。一五世紀後半から一六世紀前半にかけて、セファルディムはまずスペインから追い出され、次いで移住先のポルトガルからも追い出された。彼らの多くは南ヨーロッパ、北アフリカ、中東に移住先を求めたが、オランダに移住する者たちもいた。オランダに移住したグループの中に、スピノザ一家も含まれていたのである。

スピノザの父ミカエル・デ・スピノザは、生地ポルトガルの小都市ヴィデイゲイラを去り、一六一六年、アムステルダムに移住した。彼はそこで貿易商としての才能を発揮し、アムステルダムで最も有力なユダヤ商人のひとりとなった。彼は一生のうち三度結婚している。そのいきさつはこうだ。

最初の妻ラヘルは、娘レベッカを遺して一六二七年に死去。翌年にはハンナ・デボーラを妻に娶り、彼女との間に娘ミリアム、息子イサーク、われらが哲学者バルーフ（一六三二年一一月二四日生まれ）とその弟ガブリエルをもうけたが、一六三八年に肺病でハンナが他界する（われらがバルーフはまだ五歳であった）。一六四一年には三度目の妻ヘステルを迎え、子供たちの世話を彼女に委ねるが、一六五二年に彼女も亡くなる。その二年後、すなわち、一六五四年三月二八日には、ミカエルもとうとうこの世を去った。

スピノザは、五歳のときに母ハンナを亡くして以来、二一歳で父ミカエルを失うまでの一六年間で数多くの肉親と死別した。結局、生き残ったのは異母姉レベッカと弟ガブリエルのみであった（しかもこのレベッカとは、あとで見るように、父の遺産相続をめぐって骨肉の争いを展開することになる）。スピノザの前半生における、この夥しいまでの家族との死別をどう見るべきであろうか。

ともあれ、われらが哲学者バルーフ・デ・スピノザはこの世に生を受けたのであった。

スピノザの少年時代

富裕なユダヤ人家庭に生まれた子供の半ば宿命として、スピノザも早くから厳しい教育としつけを受けた。父はスピノザに「迷信と正しい信仰とを混同しないように」と教え諭していた。さらに、スピノザはタルムード学校「生命の樹学院」――一六三九年に創立。教団の子弟にユダヤ教を教えるのが目的の学院――に通い、ヘブライ語の初歩やタルムード（ユダヤ教の口伝律法を収めた文書）の正確な知識を次々と吸収していった。

スピノザ少年は少々内気で人見知りするところがあったが、その知性の鋭さについては早くから明らかであった。また、人当たりがよく穏やかな性格の持ち主で、いつも静かな微笑をたたえていたので、年長者からも可愛がられた。アムステルダム・ユダヤ人社会の精神的指導者メナッセ・ベン・イスラエルやサウル・レヴィ・モルテイラから直接教えを受け、ラビ（ユダヤ教の聖職者）となるための特別な勉強をつづけた。将来を嘱望された若手のホープだったわけである。

しかし、少しばかり気がかりな点もあった。確かにスピノザ少年には欠点らしい欠点が見当たらないのだが、逆にいえば、欠点がなさすぎた。子どもとは思えないほど常に落ち着き払っているスピノザには、どこか人の心を見透かしているような、だがその半面、自らの心の内はけっして他人には見せないような、そんなところがあった。その知性の鋭さゆえに、友達同士のごく気軽な意見交換の場面などでも、つい相手の意見を一刀両断にしてしまい、気づかずに他人を傷つけていることも、間々あった。

こうしたスピノザの性格も災いして、彼の人生最大の「事件」が起きたのである。

一六五六年の破門

一六五六年七月二七日、アムステルダムに住むユダヤ人たちは、皆ただならぬ面持ちでシナゴーグ（ユダヤ教の礼拝や集会のための場所）に集まってきた。この「ヤコブの家」と名づけられたシナゴーグは、宗教的迫害を避け、ヨーロッパ各地からアムステルダムに亡命してきたユダヤ人たちの統一の象徴として、一五九八年に完成されたのだった。

シナゴーグの内部では無数の黒い蠟燭に火がともされ、えも言われぬ不気味な雰囲気が漂う中、呪いの歌が低く流れていた。ユダヤ人たちは時折、黒い蠟燭を逆さにもち、血を満たした大きな桶に黒い蠟を滴らせるのであった。滴り落ちる黒い涙は小さな波紋となり、やがて血と同化して静かに消えてゆく……。

この「ヘレム」と呼ばれる儀式が進行する中、シナゴーグのラビであるイサーク・デ・フォンセカ・アボアブによって、二三歳になるひとりの青年、すなわち、バルーフ・デ・スピノザに対する〈破門〉の宣告が読み上げられたのであった。

「すでに久しき以前より、われわれはバルーフ・デ・スピノザの悪しき意見と行いを知り、様々な手段と約束とによって、彼を悪しき道から引き戻さんと努めてきた。しかし、彼を悪の道から立ち直らせることに失敗したばかりか、かえって日毎に、彼の恐るべき所業と異端信仰に関する知らせが増えてゆく有り様であった。

数々の信頼に足る証言も得たゆえ、ここにスピノザを破門に処し、イスラエルの民より放逐することを決定した。天使および聖人たちの審判により、われわれはバルーフ・デ・スピノザを破門し、追放し、災いあれと呪う。

彼は、日毎呪われてあるべし。夜毎呪われてあるべし。眠りにおいて呪われてあるべし。起床において呪われてあるべし。外にあって呪われてあるべし。内にあって呪われてあるべし。主は彼を許したまわず。主の怒りがスピノザに下り、掟に記された呪いのすべてがスピノザに降りかからんことを。主は、彼の名をとこしえに消し去らんことを。

われわれは命ずる。何人も彼と言葉を交してはならぬ。文を交してはならぬ。彼に好意を示してはならぬ。彼とひとつ屋根の下にいてはならぬ。近寄ってはならぬ。彼によって書かれたものを読んではならぬ……」

これが一六五六年七月二七日、二三歳の青年に降りかかった出来事である。これによりスピノザは、宗教的にはもちろんのこと、社会的・経済的にも、それどころかごく普通の人間関係においてさえも、ユダヤ人コミュニティとの結びつきを永久に失ったのであった。

だが一体なぜ、「シナゴーグの将来の柱のひとつ」とまで評価されるほど優秀な青年であったスピノザが〈破門〉の憂き目にあわねばならなかったのだろうか。

破門の事由

スピノザの〈破門〉の理由や事情については不明な点が多く、諸説入り乱れている。最もスタンダードな見解は、その理由をスピノザ後年の革新的な哲学思想と結び付けるものである。例えば、彼がデカルトなどの最先端の思想に親しんだことや、キリスト教の新しい宗派に接近したこと、その結果、ユダヤ教を批判したことなどが挙げられる。特に、「神・精霊・魂」についてスピノザが抱いていた非ユダヤ教的解釈が決定打となり、彼を追放の憂き目に追いやったのだ、といった見解が一般的である。

だがそれにしては、先に見た〈破門〉の宣告文は曖昧な部分が多いし、その「罪状」が一体何であったのかについては、沈黙を守ったままである。

また、当時のアムステルダム・ユダヤ人社会が新思想に対してそこまで不寛容であったかといえば、首をかしげざるをえない。例えば、アムステルダム・ユダヤ人社会の精神的指導者で、スピノザの師匠にあたるベン・イスラエルは、国際法の父グロティウスや有名な女流学者アンナ・マリア・ファン・シュルマン（エリザベトがかくまった人物である）らと親しくしていたし、最も頑強な保守主義者であったフォンセカ・アボアブ（スピノザに対する〈破門〉の宣告文を読み上げた人物である）にしても、その書斎にはホッブズやモンテーニュ、マキャベリといった「現代思想家」たちの著作が並んでいたという。

このように、アムステルダムのラビたちは新しい思想に積極的な関心を寄せ、新世代の思想家たちと交際することをむしろ誇りにしていた様子さえうかがえるので、スピノザの思想の革新性のみが〈破門〉の理由になったとは、どうも考えにくい。

清水禮子がその著書『破門の哲学』で述べているように、スピノザの〈破門〉の原因は、案外、哲学的でも宗教的でもない、「生の人間感情の縺れ」の中にあったのかもしれない。そのことを示唆する物語が伝わっているのだ。それはこんな話である。

当時、スピノザと親しくしていた年下のユダヤ人青年が何人かいて、そのうちの誰かが、スピノザに対して何か思い通りにならぬものを感じ、あるいは自分の要求に応えてくれぬという気持ちを抱くようになった。最初のうちは拗ねたり不平を言ってみたりする程度で済んでいたが、次第に本格的に腹が立ってきて、ついにはスピノザに対する復讐心を抱くまでになってしまったのである。そこで彼らがスピノザを無神論者として密告したところ、ユダヤ教会内部の複雑怪奇な人間関係、利害関係の中で転がっているうちに、その密告が見事なまでに功を奏してしまった、というのである。

これには後日譚があって、スピノザの〈破門〉が宣告された少し後に、何者かが短刀でスピノザに切りつけるという事件が起こっている。スピノザは、治療をした名医ヨハンネス・ファン・ローンに対して、不自然な嘘をついてこの事件を隠そうとしている。

ファン・ローンの証言を聞いてみよう。

「あのときのスピノザは、何か尋常ならざる様子でした。

その傷は一体どうしたのだと私が尋ねると、彼は申し訳なさそうに、『屋根裏部屋で本を探していたら、暗いので何かにぶつかって怪我をした』などと言うんです。しかし、午後一〇時にならないと夜のこないこの季節、屋根裏部屋が暗いなんてのはおかしな話です。

そこで問い詰めたところ、『いや、違った。地下室で怪我をしたんだ』などと言い逃れをしようとするものだから、私も怒ってしまったんです。嘘をつくなら、手当てをしないぞ、とね。それでついに彼も観念して、短刀で刺されたことや、短刀に毒が塗られていたかもしれないという不安な気持ちを白状したんです。でもそのあとに、『後生ですから、刺した相手や事情については訊かないでください』などとポツリと言うものだから、私としてもそれ以上は訊けませんでしたが。

手当ての最中に話が〈破門〉の一件に触れたときは驚きましたね。あの、いつも冷静なスピノザが蒼白になって、身体が小刻みにガタガタ震えだしたのですから……。治療用のブランデーを少し与えて、ようやく落ち着いたくらいだったんです」

このエピソードひとつとっても、事件の一カ月前の〈破門〉がスピノザに与えた精神的ダメージの大きさを推し量ることができよう。また、その〈破門〉という出来事にしても、それがスピノザ自身の意志によって――哲学的ないし宗教的な理由から――選びとられたものではないことも明らかである。そのことは、この傷害事件と前後して、スピノザがシナゴーグに「弁明書」（印刷されることもなく間もなく消失する）を提出している事実によっても裏付けられる。訣別は彼自身が望んだことではなかったのだ。

二一歳のときにすでに両親を失い、兄弟の多くを失っていた青年スピノザは、ついにユダヤ人コミュニティとの結びつきまでも失ってしまったのである。しかし、苦難はこれにとどまらなかった。

もう、何もいりません

次にスピノザを苦しめたのは、父の遺産相続をめぐる異母姉レベッカとの悶着であった。

非常に熱心なユダヤ教徒であったレベッカは、スピノザの〈破門〉を機に、スピノザの言い分を聞くことよりもシナゴーグの命令を守ることを選び、スピノザに対して父の遺産を分配することを拒んだのである。

金銭には執着のないスピノザもさすがにこれには怒り、法律の力を借りて自分の権利をどこまでも粘り強く主張した。レベッカも強硬な姿勢を崩さず、遺産分配をめぐる争いは泥沼の様相を呈した。散々揉めた挙句、スピノザは一台のベッドとそれにかけるカーテン以外の財産を受けとらず、ついでにレベッカとの縁も断ち切ったのである。

この騒動から二〇年も経ったのちに、スピノザは寄宿先の家主ヘンドリック・ファン・デル・スピックにこんなふうに漏らしている。

「僕は、きちんとした自分の葬式の費用以外のものを遺すつもりはないんです。僕の身内の人間は、僕に何もしてくれませんでした。だから僕も、彼らに何かを遺そうなんて気にとてもなれないんです」

金銭のことであれ、身近な人間のことであれ、およそ不平不満を漏らすことのなかったスピノザである。この発言は、スピノザがこの一件でいかに恨みを感じていたか、そしてそれ以上に、いかに深く傷ついていたかを示すものであろう。

実はスピノザは、父を亡くして以来、弟ガブリエルとともに父の会社を継いでいたのだが、おそらく金銭にかかわることに嫌気がさしたのだろう、結局、弟にビジネスの権利と債権・債務のすべてを譲り渡し、自らは学究生活に専念することにしたのであった。スピノザ伝説として有名な「レンズ磨き」の仕事が、彼の生活を支える手段となりはじめるのも、この頃からである。

二三歳の青年スピノザは、こうして何もかも失ったのであった。

嵐のあとの人生

スピノザの生涯における最もドラマティックな場面は終わった。このあとのスピノザの人生は——内面における創造のドラマを除いては——極めて静かに過ぎゆくのみである。

オランダ国内で数回住所を変え、各地で得た友人たちと交わり（彼はけっして「孤独な魂」ではなかった）、レンズを磨き、煙草をふかし、あとはひたすら哲学研究に打ち込んだ——ピリオド。結婚もしなかった。女性の不機嫌を惧れたためか、あるいは真理への愛に一生を捧げようとしたためと言われているが、さてどうだか。

思想・研究活動を中心に、嵐のあとのスピノザの人生をまとめてみよう。

〈破門〉とビジネスの放棄につづく数年間については極端に資料が乏しく、スピノザ研究者たちが「深い闇に閉ざされている」と嘆くほどである。だが、この時期が彼の新しい人生の胎動期であったことは間違いない。恐ろしく孤独で不安定な生活の中で——嵐のあとにはかならず青空が広がるように——将来の生活についての展望が少しずつ見えはじめていたのかもしれない。スピノザがデカルト哲学——一六五〇年代のオランダの精神文化を風靡していた——に親しむようになったのは、この頃のことと言われている。

そして一六六〇年初頭、〈破門〉から四年後、二七歳のスピノザはライデンの近くにある小さな村レインスブルフに移った。ここは「コレギアント派」と呼ばれる人々の本拠地であった。「コレギアント」とは〈仲間〉ないし〈会衆〉を意味する言葉で、厳格な正統派カルヴィニズムに反対する人々が会合して、互いに自由な聖書解釈をぶつけ合っていたのである。この小さな村では信仰の自由が行われていて、キリスト教の信仰告白すら要求されなかった。

スピノザはこの地で大勢のコレギアントと知り合いになり、彼らのことが好きになった。多くの肉親と死別し、ユダヤ人コミュニティから〈破門〉され、数少ない身内の人間とも最悪の別れ方をして孤独の只中にいたスピノザにとって、この地での人間的なつながりはどんなにか彼の心を癒しただろう。下宿先の狭い部屋で、ライデン大学の学生ヨハンネス・カセアリウスと共同生活をはじめるなどという、スピノザの人物像からは想像がつかないことに挑戦しているのも、当時の彼の心境をよく表していると思われる。

この頃完成した作品に『神・人間および人間の幸福に関する短論文』というものがある。おそらく書かれたのは一六五八年頃、つまり、一六五六年の〈破門〉からあまり遠くない時期であったが、後年の『エチカ』――スピノザの最高傑作である――とほぼ同じ題材をまとめ上げようとした最初の試みである（この作品は生前には公表されず、一九世紀後半になって発見されたオランダ語の謄本によって一般に知られるようになった）。この作品を読むと、スピノザがいかに早熟の形而上学的天才であったかがよくわかる。

その他、『神・人間および人間の幸福に関する短論文』につけた序論『知性改善論』——一六六一年頃の作品。ショーペンハウアーにとって「激情の嵐を静める素晴らしい鎮痛剤」となった作品であるが、普通の人にはあまり効かないだろう——や、さらに『デカルトの哲学原理——附・形而上学的思想』——一六六三年出版。同居人のカセアリウスのためにスピノザが行ったデカルト哲学の解説——の執筆など、実りの多い時期であった。

だが、次第にスピノザの「本質」がむくむくと頭をもたげてくる。孤独の只中で温かい人間関係を求め、カセアリウスとの共同生活まではじめたスピノザであったが、本質的に彼は、こうした具体的な人間関係の中で真の安らぎを見いだせるような人間ではなかった。彼が心の底から求めたのは、知的なレベルで——「認識」を通じて——一体感を得られるコミュニティであり、生身の人間の触れ合いではなかった。スピノザは友人デ・フリース——彼はスピノザとひとつ屋根の下で暮らすカセアリウスを羨んだ——に宛てた書簡の中で、こんなふうに述べている。

「どうやら、カセアリウスは僕とはまったく異なる知的傾向をもっているようです。彼は『真理』よりも『新奇』のほうに熱中するので、僕の手には余る存在です」

この書簡を送って間もなくの一六六三年四月、スピノザはカセアリウスとの共同生活を解消し、書きはじめたばかりの『エチカ』の原稿を抱えて、レインスブルフをあとにした。そして、レインスブルフから遠く離れた小村フォールブルフへ移っていったのであった。

『エチカ』執筆の頃

スピノザはフォールブルフにある小さな靴屋の二階を借り、そこで約八年暮らしたあと、一六七一年初頭にハーグに移住し、死ぬまでそこに留まることになる。フォールブルフに移り住んでから一六七七年に四四歳で死ぬまでの一四年間は――一六七〇年に出版された『神学・政治論』の執筆と、『エチカ』完成後に着手した『国家論』(遺稿・未完)を書く短期間を除いては――もっぱら『エチカ』の制作に費やされた。

スピノザの交友関係は、レインスブルフの頃の気楽な友達づきあいとはうって変わって、オランダの上流階級の人々の生活圏に近づいていった。フォールブルフ時代には、当時のオランダの政治的指導者ヤン・デ・ウィットと知り合い、政治問題などについて語り合う機会を得たという。ハーグへ移住したのも、幾人かいたスピノザのパトロンたちの近くで暮らしたほうが何かと都合がよいと思ったからであろう。

この頃にはスピノザの名声も高まっており、一六七三年、選帝侯カール・ルートヴィヒ――エリザベトの兄である――はこの偉大な哲学者をハイデルベルク大学の哲学正教授に迎えようとした。だがスピノザは、この異例の大抜擢ともいえる招聘をあっさり辞退した。哲学よりも他のことに関心のある若者たちの教育にわずらわされて、自分の研究ができなくなることを恐れたからである(この大学はフランス軍の市街占拠によって翌年廃止されたので、結果的にスピノザの選択は正しかった)。いずれにせよ、スピノザの名声の高まりを示すエピソードのひとつである。

しかしながら、スピノザの生活は、全体としては孤独な方向へ向いていった。人々との接触を極力少なくし、いったん研究にのめり込むと、三カ月間も家から出てこないこともあった。『エチカ』の執筆に疲れると、煙草をふかしたり、二、三匹のクモを捕まえてきて――飼育していたという説もある――互いに闘わせたりして、気晴らしをした。ときには生きたハエをクモの巣に放り込んで、クモがハエを殺す様子を眺めて楽しむこともあったという。

『エチカ　幾何学的秩序に従って論証された』

スピノザの『エチカ』を一度でも読んだことがある人なら、彼の思想体系とクモの巣の間に、美しい幾何学的類似を感じとることだろう。この、西洋哲学史上最も美しく、かつ繊細な作品のひとつである『エチカ』の副題には、「幾何学的秩序に従って論証された」と書かれており、この作品の性格を余すところなく伝えている。

例えば『エチカ』の第一部は「神について」というタイトルであるが、われわれがまず目にするのは、「自己原因」、「実体」、「属性」、「様態」、「神」といった基本概念の〈定義〉である。これが（第一部では）八つ並べられている。

次にわれわれが目にするのは、七つの〈公理〉である。〈公理〉とは、論証の前提となる命題のことであり、一般に「自明の真理」と考えられているものである。例えば公理一は、「すべて在るものはそれ自身のうちに在るか、それとも他のもののうちに在るかである」というものであり、公理六は、「真の観念はその対象（観念されたもの）と一致しなければならぬ」というものである。現代の読者には、とても「自明」とは思われぬかもしれない。

そして、これらの〈定義〉と〈公理〉のみから論理的に帰結する命題――つまり、〈定義〉と〈公理〉を受け入れる人ならかならず認めなければならない命題――を〈定理〉という。ただし、〈定理〉を得るには、〈証明〉をつけなければならない。例えば〈例として挙げるだけなので、内容を気にする必要はない〉、

定理一　実体は本性上その変状に先立つ。

証明　定義三（「実体」の定義）および五（「様態」の定義）から明らかである。

また、いったん手に入れた〈定理〉やその直接の帰結（これを〈系〉という）は、以降の〈証明〉で自由に使ってもよい。例えば（これも内容を気にする必要はない）、

定理七　実体の本性には存在することが属する。

証明　実体は他のものから産出されえない（前定理の系により）。ゆえにそれは自己原因である。すなわち、定義一（「自己原因」の定義）により、その本質は必然的に存在を含む。あるいはその本性には存在することが属する。Q. E. D.

この証明においては、「前定理の系により」とあるように、定理六の直接の帰結（＝〈系〉）が用いられている（「Q. E. D.」とは、ラテン語で「これが証明されるべきであった」という意味で、一般に

数学の証明の終わりに付される言葉である)。

『エチカ』では万事がこんなふうに進んでゆく。建築にたとえるなら、〈定義〉はレンガや柱といった建築資材であり、〈公理〉は土台である。〈公理〉の上に〈定義〉を使って〈定理〉を建て増してできたのが、『エチカ』という巨大な知的建造物なのである。

スピノザは――あたかもクモのように――ひとり孤独に観念の糸を撚り、世にも美しい幾何学模様の形而上学的体系を織り上げたのであった。いまなお多くの哲学ファンたちが、この美しくもどこか妖しげなスピノザ哲学の魅力に捕えられ、逃げ出すことができないでいる。

――どうやらまたひとり、「獲物」がかかったようだ。

一六七六年一一月――『エチカ』完成の翌年であり、スピノザの死の前年――スピノザはあるドイツ人青年の訪問を受けている。

「いやあ、こんなところに住んでいらしたのですね、スピノザ殿」

青年はスピノザの下宿である陰気な屋根部屋をしげしげと眺め、無邪気に言いはなった。別に他意はなかった――宮廷生活に慣れたこの青年には、単にこうした風景が珍しかっただけである。スピノザは青年のつま先から頭のてっぺんまで素早く一瞥し、小声で言った。

「ようこそいらっしゃいました。……ライプニッツ殿、ですね?」

青年はにっこりほほ笑んで、力強くうなずいた。この青年は、そうたやすく他人の思想の「餌食」となるほど卑小な精神の持ち主ではなかった。いつもは部屋の隅にいるはずのクモたちの姿も、この日ばかりは見えなかった。

スピノザ四四歳、ライプニッツ三〇歳――西洋近代の形而上学を代表する二人の天才が出会ったところで、ライプニッツのここまでの半生にも目を向けておこう。

天才少年ライプニッツ

ゴットフリート・ヴィルヘルム・ライプニッツは、一六四六年七月一日にライプツィヒで生まれた。父フリードリッヒは、ライプツィヒ大学哲学科の副学科長、および道徳哲学の教授の地位にあった人物であり、母カタリーナ・シュムックは、ライプツィヒの著名な法曹の娘であった。ライプニッツの家系は、父方、母方ともに、高い社会的地位と優れた学識とによって名声を得ていたのである。

われらがゴットフリートには、二歳年下のアンナ・カタリーナという妹がいた。彼女はライプツィヒにある聖トーマス教会の副監督と結婚したが、二三歳の若さでひとり息子を遺して亡くなってしまう。ライプニッツは生涯独身だったので、この遺児フリードリッヒ・ジモン・レフラーが、彼の唯一の相続人となる。

父フリードリッヒは、哲学教授という仕事柄、かなり立派な書庫を所有しており、幼いライプニッツはいつも中に入りたがった。だが父は「大人になったら入れてやるからな」と優しく諭すだけで、息子が書庫に入ることを許さなかった。ところが、ライプニッツが六歳のときに父があっさりこの世を去り、理解ある近親者たちの計らいもあって、八歳でライプニッツは父の書庫に自由に出入りすることができるようになった。

ライプニッツ少年は父の書庫に入り浸り、ラテン語の古典や教父哲学の書物をむさぼるように読んだ。本人の回想によれば、一二歳の誕生日を迎える頃には、ラテン語を難なく読めるようになっていたし、ギリシア語も少しずつ読みはじめるようになっていたという。学校（一六五三年七月、七歳のときにライプツィヒのニコライ学院に入学している）での手ほどきをもとに、辞書を使わずに何度も読み返しているうちに、やがて全体がはっきりわかるようになっていったらしい。父が早死にしたおかげで、ライプニッツ少年は急速に知識を吸収することができた。父親は天才の育て方を誤ったのだろう。

少年時代のライプニッツは遊びにはほとんど興味を示さず、父が残した書庫にこもって読書するのを好んだ。哲学、神学、歴史、詩、文学——何でもむさぼるように読み耽った。人類史上最高の「万学の天才」のひとり——彼と比肩しうるのは、アリストテレスくらいである——の基礎は独学によってつくられたのである。

他の子どもたちにとっては苦痛でしかない学校の授業も、ライプニッツ少年にとってはこの上ないインスピレーションの源泉となった。とりわけ興味をもったのは、上級クラスで教えられた伝統的なアリストテレスの三段論法であった。ライプニッツはクラスでただひとり、三段論法の規則をいともたやすく現実の事例に適用してみせ、先生や級友たちを驚かせた。そればかりか、アリストテレス論理学の限界にもいくつか気づき、とめどなく溢れ出る論理学的着想を、せっせとノートに書き留めておくのであった。

一五歳にもならないうちに、ライプニッツはアリストテレス以来の伝統的論理学を修正しようと試みたが、こうした企てが、やがて彼の〈普遍的記号法〉――いわば人間思想の「アルファベット」を考案し、このアルファベット文字の結合とそれによって形成される語の分析を通じて、人間知識のすべてを発見し、論証することをめざす一般的方法――の構想に結実するのである。この途方もない論理思想は、優に二世紀も時代を超越していた。

ライプニッツの学生時代

一六六一年の復活祭に、ライプニッツは一四歳でライプツィヒ大学――かつて父が哲学を教えていた大学である――に入学し、そこでアリストテレス哲学の講義とユークリッドの数学に関する初等的な講義を聴いた。しかし、当時のライプツィヒにおける数学教育の水準は極めて低く、また講義の内容も何やら晦渋なものだったので、ライプニッツ以外にその講義を理解できる学生はいなかった。ライプニッツだけが教師に向かって質問や議論をし、それを聞いてやっと周りの学生たちも定理の内容を理解できたのであった。

幸いなことに哲学の教師には恵まれ、ヤーコプ・トマジウス――ドイツにおける学問的な哲学史研究の基礎を築いた人物である――に師事することができた。彼の指導のもとに、ライプニッツは学士論文『個体化の原理についての形而上学的論議』を書き、一六六三年、一七歳のときに提出した（この論文は同年、刊行されている）。

次いでライプニッツは、一六六三年一〇月、クィリヌス・シャッハーとバルトロメウス・シュヴェンデンデルファー両教授に師事し、法学の専門的研究をはじめた。幅広い知識を身につけていたライプニッツにとって法学の理解は容易であり、一六六四年二月はじめに彼は哲学の修士として卒業して、修士論文『法律から集められた哲学問題の試論』が同年一二月に刊行された。この論文の中では、ミツバチやハト、クジャクははたして野生動物であるか、といった独創的な問題が扱われている。

修士論文提出のわずか九日後に、ライプニッツは母を亡くしている。死因は呼吸器疾患であった。この母カタリーナ・シュムックは、ライプニッツが六歳のときに父を亡くして以来、幼いライプニッツと妹アンナ・カタリーナの教育に専心してきたのであった。その葬儀において、人々は口々に彼女の徳の高さをたたえ、その死を悼んだ。彼女はすべての人と平等に接し、人々の間の調和を重んじ、誰に対しても悪口を言わず、仮に何か不正を受けたとしてもこれを笑って許し、忍耐において誰よりもまさっていた。その清々しい生き様は若きライプニッツの心に深く刻まれ、彼の生涯における手本となった。

一六六五年九月に法学の学士号を取得したあと、ライプニッツは『結合に関する算術的論議』と題する教授資格取得論文に取り組んだ。この論文は一六六六年に（大学とは関係なく）刊行された『結合法論』という著作のもとになったものである（ちょうどこの時期、イギリスでは二三歳のアイザック・ニュートンが故郷ウールズソープにいて、微積分学と万有引力の法則を生み出していた）。学院時代に思い描いた〈普遍的記号法〉の一端を展開したこの独創的作品は——ライプニッツ本人は、数学に精通することなくこの作品を書き、公刊したことを悔やみ、「小学生の作文」と呼んで卑下したが——彼の発見を世に知らしめ、学者たちの間で彼の名声を高めるきっかけとなった。

二〇歳のライプニッツは法学博士になる素養がすでに整っていたが、ライプツィヒ大学は彼に対する博士号の授与を拒否した。嫉妬深い先輩たちが、自分たちの頭を飛び越えてライプニッツが卒業してゆくことを快く思わなかったためである。彼らはライプニッツの卒業延期を画策し、その結果、学部構成員の多くがライプニッツの卒業延期に同意した。

この茶番にうんざりして、一六六六年一〇月はじめ、ライプニッツはニュルンベルクのアルトドルフ大学法学部に入学した。そしてすぐに『法律における紛糾せる事例』という、すでにライプツィヒ大学で仕上げていた学位論文を提出したのであった。一六六七年二月二二日、二一歳のときに、審査員全員の一致によりライプニッツは博士号を授与された。

ニュルンベルク当局は、この才能ある若者がアルトドルフ大学に留まり、研究と教育に携わってくれることを望んだ。文部大臣ヨハン・ミヒャエル・ディルハーは、「もしその気があるなら、きみを速やかに教授に任命することを保証しよう」とまで述べた。

だが、ライプニッツはこの申し出をきっぱりと断った。彼の志は、まったく別の方向を向いていたからである。ライプニッツは、自分ほどの才能を与えられた人間は、広くこの世の中のことにかかわって自らの価値を高めてゆくことができるし、また当然そうすべきだと考えていた。ライプニッツの自己評価は正しいものであった。彼が唯一間違っていたのは、周りの人間も自分と同じように聡明でお人好しだと考えていたことくらいである。

外交官として

大学を卒業後、ライプニッツは旅に出た。当初はオランダか、その向こうにある国々を見て回るつもりだったらしい。だが、マインツまで来たところで、彼のパトロンかつ友人となるべき人物ヨハン・クリスティアン・ボイネブルク男爵と出会い、その紹介によってマインツ選帝侯ヨハン・フィリップ・フォン・シェーンボルンの知遇を得ることができた。

ライプニッツは宮廷に地位を得ることを望んで、旅の途上で書いた『法律の学習と教授の新方法』という著作を選帝侯に献じた。これが功を奏し、彼は高等控訴院――選帝侯領および大司教区における最高裁判所――の判事に任命された。二四歳のときである。

ボイネブルクによる指導の下、ライプニッツは着実に仕事をこなし、彼の評価は徐々に高まっていった。やがて彼の仕事は外交的役割の強いものとなり、様々な外交文書を起草するのに忙しくなる。

当時、ライプニッツが目の当たりにしていた政治的現実は、フランスの強大な軍事力と経済力に支えられた、太陽王ルイ一四世の野望であった。ドイツ語圏のヨーロッパ諸国はいまだに三〇年戦争が残した爪痕に苦しめられており、政治的・経済的に立ち遅れていた。

ライプニッツはこうした苦境からドイツを救うべく、壮大な計画を立てた。ルイ一四世の侵略的野望の矛先を、ヨーロッパからエジプトにそらそうとしたのだ。この、規模雄大だがいささか荒唐無稽な「エジプト計画」は、当初、異教徒に対する十字軍の提唱という陳腐な形をとっていた。自国近隣の争いの種を世界の他の地域にばらまくという、現在も政治家のレパートリーに入っているやり方である。

ライプニッツはボイネブルクの督励の下、「エジプト計画」の細部を練り上げていった。ライプニッツが起草したごく短い覚え書にボイネブルクが手を加え、フランス語に翻訳し、一六七二年一月二〇日、ルイ一四世に宛てて送った。この文書の内容は極めて漠然としたものであり、エジプト侵略に関する言及は巧妙にカムフラージュされ、表面上は王の獲得しうる利益を列挙してあるだけであった。同年二月一二日には、フランスの外務大臣から好意的な返事があり、ライプニッツが特使として派遣されることになった。ライプニッツ二五歳、外交官としての一世一代の大博打であった。

一六七二年三月一九日、ライプニッツはこの計画を携えてパリに出発するが、三月末にパリに到着した頃には、イングランドがオランダに宣戦布告をし、一週間もしないうちにフランスがイングランドに同調した。このため、ライプニッツの外交目的——このような戦争の阻止——は早くも叶わぬものとなったのである（それから約一二〇年も経ったのち、ナポレオンのエジプト遠征という形でライプニッツの計画は図らずも実現された。自らの壮大な幻想が先回りされていたと知り、ナポレオンは大変悔しがったという）。

ライプニッツがその後もパリに留まったのは、ボイネブルクの個人的な用事をいくつか片づけるためであったが、何といってもパリは当時の学問・文化の中心地であり、そこで自分の研究を進めたいという欲求があったからに他ならない。この時期はライプニッツの数学修業時代であり、微積分学の発見——ニュートンの発見に遅れること約一〇年——を含む生産的な日々であった。

パリでの学究生活

一六七二年一一月のはじめ、ボイネブルクは息子フィリップ・ヴィルヘルムがもうすぐパリに到着することをライプニッツに通知し、パリでの息子の勉学の監督と後見とを依頼した。選帝侯の甥メルヒオール・フリードリッヒ・フォン・シェーンボルンが（選帝侯の代理として）パリでの和平交渉に派遣されたのに伴われてのことであった。

ところが、同年一二月一五日、ライプニッツにとって最初の庇護者であり、尊敬する友であったボイネブルク男爵が卒中で亡くなってしまう。のちにライプニッツは、ボイネブルク——彼のおかげでライプニッツはマインツの宮廷に地位を得ることができたのだ——について「今世紀の最も偉大な人物であり、私は彼の友情に深く感謝している」と記している。

友の忘れ形見である息子フィリップ・ヴィルヘルムの教育を母アンナ・クリスティーネ・フォン・ボイネブルクから改めて任され（その内実については間もなく触れる）、継続してボイネブルク家に仕えることになったライプニッツだが、多忙な中でも時間を見つけては自分の研究に打ち込んだ。特に、オランダの著名な科学者クリスティアン・ホイヘンスを訪問することができたのは大きかった。彼との対話の中で、ライプニッツは自分の数学と物理学に関する知識がいかにお粗末なものであるかを悟らされ、ホイヘンスを師匠として、数学研究に力を入れることにしたのである。

この頃まで、ライプニッツは近代数学についてはほとんど知らなかった。ホイヘンスの手引きと自学自習——子ども時代からの習慣である——によって、ライプニッツはわずか三年で世界トップレベルの数学者となった。事実、ライプニッツが微積分法発見の決定的段階へ踏み込んだのは、一六七五年一〇月の数日のことであったとされる。二六歳からはじめた数学の本格的研究とその卓越した成果によって、ライプニッツは自分の才能をはっきりと自覚した。彼は、生まれながらの数学者だったのである。

数学以外でも収穫は多かった。アントワーヌ・アルノーやニコラ・ド・マルブランシュといった当時のフランスを代表する哲学者たちと知り合ったり、デカルトやパスカルらの著作（その中には未発表の遺稿なども含まれていた）を研究したりした。ライプニッツは恐るべき行動力と取材力をもつジャーナリストでもあり、著名人に会えると聞けば突撃し、珍しい資料があると聞けばどこへでも飛んでいった。

だが、外交官としての本業がしばしばライプニッツを現実に引き戻した。フランスでの政治的画策が不首尾に終わったため、選帝侯の甥メルヒオール・フリードリッヒ・フォン・シェーンボルンはライプニッツを連れてロンドンに渡り、和平会議に関する同様の提案をイングランド政府に対して行うことにしたのである。

ロンドン訪問

一六七三年一月二一日、使節団一行はドーヴァー港に上陸し、その三日後にロンドンに到着した。ロンドンでもライプニッツは抜け目なく寸暇を見つけ、王立協会――イギリスにおける科学者団体の最高峰――の事務局長ヘンリー・オルデンブルクを訪ねた。オルデンブルクはライプニッツが携えてきた計算器の木製モデル――一六七〇年頃から設計・組み立てを行ってきたものである――を王立協会の例会で公開する手はずを整えてくれたのであった。この計算器は四則演算（加法・減法・乗法・除法）用に設計されていたが、この時点ではまだ完全というには程遠いものだった。それでもライプニッツの計算器は当代屈指の発明と認められ、少なからぬインパクトを協会員たちに与えることに成功した。

ライプニッツたちがロンドンに到着して一カ月も経たない頃、マインツ選帝侯ヨハン・フィリップ・フォン・シェーンボルンが亡くなったとの知らせが伝えられた。これによりライプニッツは、一挙に二人のパトロン——ボイネブルクと選帝侯——を失ってしまったことになる。ライプニッツの将来に不安を投げかける出来事であったが、とりあえず彼は、ひとまずパリに戻ることを許された。慌ただしい出発準備に忙殺され、ライプニッツはオルデンブルクを訪ねて別れの挨拶をすることもできなかったが、出発当日の一六七三年二月二〇日、ライプニッツは王立協会への入会願いの手紙をオルデンブルクに宛てて書いている。

ライプニッツは同年四月一九日、満場一致で王立協会会員に選出された。

ボイネブルク家からの解雇

相次いで二人のパトロンを失ったことにより、ライプニッツは次の勤め先を探すという現実的な問題に直面せざるをえなくなった。とはいえ、単に経済的な安定を望むだけなら、彼にはいくらでもそのチャンスがあったのである。彼がこだわったのは、できるだけ長くパリで生活することであった。学問・文化の中心地パリで活動してこそ、いっそう人類の利益に貢献できるはずだ、と本気で信じていたからである。

前にも少し触れたように、一六七三年四月、ライプニッツは亡き友ボイネブルクの息子フィリップ・ヴィルヘルムの教育係を母アンナ・クリスティーネ・フォン・ボイネブルクから依頼され、これを引き受けた。ライプニッツにはフィリップ・ヴィルヘルムの今後の教育計画の作成および監督の権限が与えられた。

ライプニッツは手はじめに、この一七歳の少年をがんじがらめにするのがよいと考えた。ライプニッツが提示した計画は、午前六時から午後一〇時まで、ほとんど自由時間もなくボイネブルク少年を勉強に縛りつけようとするものであった。母君もこの計画を見て喜び、ボイネブルク家の未来は明るいと確信した。かくして一七歳の若き男爵はライプニッツと居を共にすることになったのである。

しかしながら、ボイネブルク少年は勉強にはまったく関心を示さず、ライプニッツの目を盗んでは夜の盛り場に繰り出し、同じ年頃の悪友たちと遊ぶことしか考えていなかった。これにはライプニッツも頭を痛め、ボイネブルク家への報告書の中で、「御子息は、能力はあるのに学ぶ意欲に欠け、怠ける口実をいくらでも並べ立てます」と不満を漏らし、この割に合わない仕事に対する特別手当の支給を求めた。さらにライプニッツは、マインツで先代のボイネブルク男爵に仕えたことに対する報酬がいささかも支給されていないことを指摘し、不満をぶちまけた。

こうしてライプニッツとボイネブルク家との間で軋轢が生じ、不信感が深まっていった結果、一六七四年九月一三日、可愛い息子を怠け者呼ばわりされて怒った母君によって、ライプニッツはボイネブルク家からあっさり解雇されてしまったのである。

ところで、ボイネブルク少年はどうなったのだろうか。伝えられているところによると、彼はその後政治家として大成し、ライプニッツが「今世紀の最も偉大な人物」と尊敬した父親をはるかに凌駕する功績を挙げたという。ライプニッツは政治家の教育方針を誤った。未来の政治家にとっては、書物による勉強よりも盛り場で学ぶことのほうが多かったのだ。

ハノーヴァーへの道程

長年仕えたボイネブルク家から解雇されたことにより、ライプニッツはいよいよ本気で職探しをしなければならなくなった。

一六七五年のはじめ、何度も改良を重ねた末に、ライプニッツの計算器はようやくパリ科学アカデミーでの公開実験で成功を収めるまでになった。この成功により、王のために一台、王立天文台のために一台、財務局のために一台、計三台の計算器の注文が入った。

これと並行して、ライプニッツはハノーヴァーのヨハン・フリードリッヒ公への書簡でこの計算器について説明し、売り込みをかけている。大きな数の乗除計算も数回ハンドルを回すだけでよく、何ページにもわたる加減計算であっても、それを紙に書き記すよりも短い時間で済んでしまう。面倒もなければ考える必要もない、と。ハノーヴァー公自身がお望みなら、特別価格でお譲り致しましょう、と付け加えている。

これはライプニッツなりの「保険」のつもりだった。パリで有給の職が得られなかったときのことを考えて、ハノーヴァー公とのつながりをキープしておこうと考えたのである。公への書簡で「私はパリに滞在するうちに数学の研究に転ずるようになりました。人類の利益のために、科学と技術の領域において、自らの研究をつづける自由を得ることが私の望みのすべてです」と述べているのは、ライプニッツ流の微妙な牽制であった。

一六七六年初頭、ライプニッツがハノーヴァー公への年賀状を書いていたところに、宮廷侍従ヨハン・カール・カームから、ライプニッツをハノーヴァー公の顧問官に任ずるとの正式な招請状が届いた。パリでの生活に未練のあったライプニッツは渋々、これを受諾する旨を書簡にしたためた。その一方で、最後の望みを託してパリで懸命に職探しをしたが、無駄に終わった。とうとうカームから発令を通知する書簡が届き、ライプニッツは、同年一月二七日付でハノーヴァー公の顧問官に正式に任命されたのであった。

ライプニッツのパリ生活に対する未練は相当なもので、できる限りハノーヴァー入りを延期しようと企てた。カームからの情け容赦ない催促の手紙にもめげず、ライプニッツはパリに留まって自らの研究をつづけ、多くの研究者たちと交わった。しかし、パリ駐在のハノーヴァー大使クリストフ・ブロソーから「君主が痺れを切らしている」と通告を受け、とうとう観念した。最後の自由を名残惜しむかのように、ライプニッツはロンドン経由でハノーヴァーに赴く旨を決心し、大使に約束した。

ハノーヴァーへの道すがらではあったが、ライプニッツはロンドンを再訪し、王立協会事務局長オルデンブルクと再会を果たすことができた。

またライプニッツは、このロンドン滞在中、王立協会の司書ジョン・コリンズの許可を得て、ニュートンの手稿『解析について』から抜き書きをしている。いくつかの級数展開を写し取っただけであったが、この行為が、何十年もあとになって微積分学の先取権争いが泥沼化した際に、「ライプニッツがニュートンから微積分学を盗んだ」という証拠として挙げられることになるとは夢にも思わなかったであろう。

ライプニッツ最後の自由の日々は、オランダ周遊旅行に充てられた。ロッテルダムからアムステルダムに移動し、ハールレム、ライデン、デルフト、ハーグを回りながら、各地の著名人を訪ね歩いた。特にデルフトで出会ったアマチュア生物学者アントニー・ファン・レーヴェンフックの研究には深い感銘を受けた。彼は世界で初めて顕微鏡を使って微生物の世界をのぞき見た人であり、ライプニッツもその世界をのぞかせてもらったに違いない。生命に満ち溢れた微視的世界の様子は、のちにライプニッツが〈モナド〉や〈予定調和〉の理論を展開する上で少なからぬ影響を与えたことであろう。

――そして、ライプニッツはハーグにやってきた。ここで彼は、かの偉大な形而上学者スピノザと面会する予定だったのである。実をいえば、相互の友人・知人を仲立ちとしたライプニッツの面会の申し出は、最初スピノザにあっさり断られた。スピノザは人間関係に注意を払うようになっており、得体の知れない人間と接触することを拒んだからである。だが、そんなことでめげるようなライプニッツではなく、何度か手紙で交渉を重ねた末に、ついにスピノザも会うことを了承した。一六七六年一一月のことである。

ライプニッツは、ハーグのはずれにあるパヴィリヨン運河七二／七四番地にある建物を眺め、姿勢をただした。ライプニッツのスピノザ訪問の目的は、噂に名高い『エチカ』を閲覧させてもらうことと、この大哲学者に自分の実力を見せつけることであった。

――大丈夫だ。大一番には慣れている。

ライプニッツは一度ふうと息を吐き、笑顔をつくってからドアをノックした。幾多もの修羅場をくぐってきた、外交官時代からの癖であった。

心身平行説

スピノザとライプニッツの物語が合流したところで、心身問題の物語に目を向けよう。

本章のはじめでも述べたように、デカルトがスピノザ、ライプニッツらの世代に残した宿題は、「二つの異なる実体とみなされた精神と身体が、いかに働き合うことができるのか」という問題であった。

この問題に対してとりうるアプローチその一は、精神と身体の間の実体的な区別を保持したまま、両者の間を架橋しうる関係性を模索する道であり、アプローチその二は、「精神と身体は異なる実体ではなく、同じひとつの実体なのだ」と考える道であることもすでに述べた。前者がライプニッツ型、後者がスピノザ型のアプローチであることも触れた。

スピノザ、ライプニッツ両者の思想の著しい差異にもかかわらず、そのバロック建築の如き壮麗な形而上学的装飾を剝ぎとってみると、こと心身問題に関しては、両者の考えはほぼ同型であり、しばしば〈心身平行説〉と名づけられている。

では、〈心身平行説〉とは一体いかなる考え方なのか。基本的な考え方は、精神と身体の間に（デカルトが認めたような）「働き合う」という関係を認めない、というものである。より厳密にいえば、精神と身体の間に因果関係――原因と結果で記述されうる関係――を一切認めない、という考え方である。

したがって、〈心身平行説〉によれば、精神が身体を「動かし」たり、逆に身体が精神に「影響を与え」たりすると考えるのは端的にいって間違いだ、ということになる。そうした類の「働き合い」はまったくもって存在しない、というのがこの立場の考え方である。

しかしながら、精神と身体の間にそうした「働き合い」（あるいは因果関係）を認めないにしても、そのことは精神と身体の間に何の関係も存在しない、ということは意味しない。実際、精神と身体の間には驚くべき「対応関係」——「秩序」と言ったほうがよい——が存在するのであって、それに十分な説明を与えることが、スピノザ、ライプニッツ世代の仕事だったのである。

まとめるとこうなる。スピノザ、ライプニッツらの心身思想は、しばしば〈心身平行説〉と呼ばれる。その基本的な考え方は、（デカルトに抗して）精神と身体の間に「働き合う」という関係を認めない、というものである（ここまでは、スピノザ、ライプニッツともに共同戦線を張っている）。しかるに、精神と身体の間にはある「対応関係」（秩序）が存在するのであって、その説明の仕方において、二人の哲学者は意見を異にするのだ。

われわれはこれからスピノザの心身思想、次いでライプニッツの心身思想を見てゆくが、そのときにポイントは二点ある。「実体」と「神」である。

復習すると、実体とは、「（神を除いて）他の何にも依存せずに存続しうるもの」のことであった。あるいは、「この世界には、本当のところ、何が存在するのか」という（一見、深遠な）問いに対する答えとなるもの、と理解してもよいだろう。

間もなく見るように、スピノザにとって実体は唯一の〈神〉のみであり、ライプニッツにとって実体は無数に存在する〈モナド〉である。この意味で、スピノザは〈一元論〉者であり、ライプニッツは〈多元論〉者である。ひとまずここまで頭に入れておこう。

また、両者の思想において「神」がキーワードになっていることも明らかである。だが以下では、「彼らはなぜ神が存在すると考えたのか（神の存在証明）」についてくどくどと述べることはせず、「彼らの考える神はどのようなものか」についてのみ、詳しく説明することにしよう。

スピノザの〈神〉

ドイツ・ロマン主義の詩人ノヴァーリスがスピノザを「神に酔える人」と評したように、スピノザ哲学は神にはじまり、神に終わる。スピノザはライプニッツにこう言った。

「世間一般の哲学は被造物からはじめます。デカルトは精神からでした。僕は〈神〉からはじめます」

だがスピノザの〈神〉を、例えばユダヤ・キリスト教的な「人格神」のように考えてはならない。スピノザの〈神〉はおよそ人格性とは無縁である。あらゆる意味で二〇世紀を象徴する物理学者アルベルト・アインシュタインが「あなたは神の存在を信じますか」と訊かれて、「スピノザの〈神〉なら信じるね」と答えたように、どちらかといえば物理学者好みの神である（その理由は間もなくわかるだろう）。要するに、ご親切にも人間のことを気にかけ、時折歴史の中にしゃしゃり出て、ありがたい「奇跡」をふるまうような神では断じてない。

スピノザの〈神〉とは、この世に存在する唯一・永遠・無限の実体のことである。逆にいえば、この世に存在するのは唯一・永遠・無限の実体たる〈神〉のみであり、この世のすべては、この唯一の実在（リアリティ）を支配する必然的な法則に従って生じる（したがって、「偶然の出来事」や「奇跡」は存在しない）。この意味でスピノザは、〈神〉と〈自然〉を同一視し、「〈神〉即〈自然〉」という考え方に導かれた。しかし、この「〈神〉即〈自然〉」というフレーズは——有名であるがゆえに——誤解を生じやすい。

よくある誤解その一は、「なるほど、唯一の実体である〈神〉がこの〈自然〉をつくりだし、それを法則によって支配しているのだな」というものである。

ハズレである。〈神〉が〈自然〉の外にあって、あたかも箱庭をつくるかのように〈自然〉をつくると考えてはならない。スピノザにとって、〈神〉と〈自然〉の関係は、制作者と制作物の関係ではないのである。〈神〉はまず産み出すものであるが、産み出すのは自己の内においてなので、産み出されたものの総体が〈神〉でもあるのだ。つまり、〈神〉と〈自然〉の関係は、まるでメビウスの輪の「表裏」のような関係にあり、実在的には区別されず、統一されている。〈神〉はこの世の外部にある原因（「超越原因」という）ではなく、内在的な原因（「自己原因」）なのである。

よくある誤解その二は、「〈神〉即〈自然〉……。つまり、われわれが見て、感じている自然こそがまさに（スピノザのいう）〈神〉なのだな」というものである。

これもハズレである。すぐに見るように、われわれが唯一・永遠・無限の実体について知りうるのはごくわずか——「考えること」と「延長すること」の二側面のみ——でしかない。つまり、われわれが見て、感じている自然は、〈神〉のほんの一部に過ぎないのである。われわれの通常の意味での自然と（スピノザのいう）〈神〉はイコールではないのだ。

それにしても、何とも奇妙な話である。スピノザが言うように、この世に存在するのが〈神〉のみだとしたら、われわれが見て、感じている世界の「多様性」はどうやって説明されるのだろうか。というのも、この世界には石もあればコンニャクもあり、ミミズだってオケラだってアメンボだっているのである。それなのに、この世に存在するのは唯一〈神〉のみであるというのは、いかにも無茶な発想ではなかろうか。

われわれは、この途方もないスピノザの〈神〉を詳しく「解剖」してみる必要がある。

〈実体〉・〈属性〉・〈様態〉

実存主義哲学者として名高いカール・ヤスパースは、こう述べている。

「何があるのか、という問いに対して、スピノザは、実体とその属性、ならびに様態、と答える」これは、スピノザ形而上学・存在論の非常にコンパクトなまとめになっている。〈実体〉・〈属性〉・〈様態〉のそれぞれについて、順に見てゆくことにしよう。

まず、〈実体〉についてはもうよかろう。実体とは、伝統的な定義では、「（神を除いて）他の何にも依存せずに存続しうるもの」のことであり、存在するために自分以外の根拠を必要としないもの（「自己原因」であるところのもの）のことである。スピノザにとっては〈神〉が唯一の実体なのだから、伝統的な定義にある「（神を除いて）」という但し書きは不要になる。以下の叙述では、〈実体〉＝〈神〉として読み進めてほしい（つまり、両者は交換可能である）。

次に〈属性〉とは、〈実体〉の本質を表現、ないし説明するところのものであり、知性が〈実体〉の本質について知るところのものである。非常に抽象的だが、ありがたいことに具体例がある。「考えること」と「延長すること」である。これらはともに〈神〉の二つの〈属性〉なのである。スピノザによれば、実際には〈神〉は無限に多くの〈属性〉をもつのだが、残念なことに、われわれ人間の知性がとらえられるのは、これら二つの〈属性〉だけである。

ここで少し立ち止まって考えよう。ご記憶のように、デカルトは精神（考えるもの）と身体・物体（延長するもの）を異なる二つの実体とみなしたのであった（〈心身二元論〉）。しかるに、スピノザにとって唯一の〈実体〉は即ち〈神〉であり、「考えること」と「延長すること」は、〈神〉が無限に多くもつ〈属性〉の二つに過ぎない。すなわち、スピノザの意味では、精神と身体（物体）は――別個の実体ではなく――唯一の〈実体〉即ち〈神〉の二側面に過ぎない、ということになる。

最後に〈様態〉である。これはわかりやすい。〈様態〉とは、「この物体」というように具体的な個物のことである。個々の人間は〈様態〉である。したがって、あなたも私も〈様態〉である。ミミズだってオケラだってアメンボだって、みんな〈様態〉である。われわれが目にしているこの世界は個物、すなわち〈様態〉の総体から成っているのだ。

スピノザは『エチカ』第一部定理二五の系でこう述べている。「個物は神の属性の変様、あるいは神の属性を一定の仕方で表現する様態に他ならない」。この系は、これまで別々に見てきた〈実体〉・〈属性〉・〈様態〉の間の関係を簡潔に言い表している。また、この系は、有限かつ時間的な存在者としての個物が〈神〉の一部分であり、逆に〈神〉がその全体であることを示している。すなわち、〈様態〉と〈神〉の関係は、部分と全体の関係である。

スピノザの〈神〉をイメージするために、一本の樹を考えてみよう。この樹全体が〈神〉である。この樹には無限本の枝が生えているが、その一本一本が〈属性〉である。さらに、枝の一本一本には無限枚の葉がついているが、その一枚一枚が〈様態〉である。しかしながら、われわれ人間が認識できるのは、わずか二本の枝――「考えること」の枝と「延長すること」の枝――についている葉だけである。

もうひとつ、幾何学的なイメージでもスピノザの〈神〉を考えてみよう。いま、ここに無限多面体〈無限の面をもつ立体〉があるとする（ほとんど球である）。この立体全体が〈神〉であるとすれば、無限にある面の一つひとつが〈属性〉である。さらに、各平面の上には無限個の凸凹があるが、その一つひとつが〈様態〉である。しかしながら、われわれ人間が認識できるのは、わずか二つの面――「考えること」の面と「延長すること」の面――の上にある凸凹だけである。

このように、スピノザの〈神〉は、それ自体が何か巨大な生命体、ないし機械のようなものなのだ（ユダヤ・キリスト教的な「人格神」とはかけ離れたものであることがわかるだろう）。永遠・無限の実体たる〈神〉のみが存在し、すべてはこの唯一の実在（リアリティ）を支配する必然的な法則に従って生じるのである。「偶然の出来事」や「奇跡」は、まったく存在する余地がない。この意味で、スピノザは徹頭徹尾、決定論者である（アインシュタインは、量子力学が確率の概念を物理学にもち込むことを嫌って「神はサイコロを振らない」とぼやいたが、案外、スピノザの〈神〉を思い浮かべたのかもしれない）。

スピノザの〈神〉がいかに異様なものであるか、多少でもイメージできれば幸いである。次節では、この「スピノザの〈神〉モデル」を心身問題に応用しよう。

スピノザの心身平行説

スピノザにとって、「考えること」と「延長すること」の両〈属性〉は、互いに異なった領域を形成している。このことは、上で挙げた「一本の樹モデル」からも明らかであろう（両〈属性〉は別々の枝である）。そしてスピノザによれば、両〈属性〉から一定の秩序に従ってそれぞれの〈様態〉が生じるので、両〈属性〉の〈様態〉の間にも、（〈属性〉間と同じような）決定的な区別があるはずである。

つまり、スピノザによれば、精神と身体の間には（デカルトが想定した）相互作用など不可能であるような、両者の橋渡しをすることが不可能であるような決定的な差異がある、ということだ。「一本の樹モデル」で考えると、例えば（具体的な個物としての）あなたの精神と身体は、別々の枝に属する葉であるから、相互に働き合うことはできない（例えば「接触」できない）。

——だが、これでは心身問題の解決にならないのではないか。

スピノザはこう主張する。確かに、身体的なものの因果連関——原因と結果のつながり——と精神的なものの因果連関は、それぞれ自己完結しており、互いに影響を及ぼし合う（因果関係をもつ）ことはない。しかしながら、これら二種類の因果連関はある仕方で一致しているのだ、と。スピノザは『エチカ』第二部定理七で、「観念の秩序および連結は、物の秩序および連結と同一である」と述べている。

両〈属性〉――「考えること」と「延長すること」――およびその〈様態〉は、唯一の〈実体〉即ち〈神〉において、部分・全体の関係として、同一物に帰着する。つまり、〈神〉に媒介されることによって、両〈属性〉およびその〈様態〉の間には、調和ないし対応が成立するのである。いわば、唯一の〈実体〉即ち〈神〉が「かすがい」となって、これら諸部分の間に連結と相互関係が成立しているというわけだ。

結局のところ精神と身体とは、スピノザにとっては、同一物における「観点の違い」に過ぎないのである。すなわち、〈様態〉としてのわれわれ人間を、「精神という観点」から見るのか、あるいは「身体という観点」から見るのかの違いである。両者を混同することはわれわれの認識にとって何の役にも立たず、かえって混乱するだけである。われわれは常にどちらか一方の観点に立ち、あらゆる現象を身体（物体）的に説明するか、あるいは精神的に説明するか、選ばねばならないのである。

結論――心身の平行関係は、〈神〉において合一（一致）する。精神と身体とは、同一物における「観点の違い」に過ぎない。

この結論の「系」をひとつだけ述べておこう。前節で見たように、一切が〈神〉の本性の必然性および法則に従って生じる以上、すべての個物は厳格な因果の秩序によって決定される。それゆえスピノザは、意志は自由な原因などではなく、ただ必然的な原因であると主張する。スピノザは、意志の自由、〈自由意志〉の存在を認めない（この点はデカルトと大きく異なる。デカルトは、人間以外の動物は精神をもたず、それゆえただの自動機械に過ぎないと考えたが、人間は精神をもつので、〈自由意志〉をもつと考えた）。

スピノザによれば、〈自由意志〉に対するわれわれの誤った信仰は、次の事実に由来する――われわれは自分の欲求や衝動を意識するが、われわれをその欲求や衝動に駆りたてる真の原因については無知である。一九世紀の精神分析学や二〇世紀の大脳生理学の到来を予見するかのような恐るべき洞察である。

以上がスピノザの心身平行説である。つづけてライプニッツの思想を見ることにしよう。

ライプニッツの〈モナド〉

これからライプニッツの心身思想を解説してゆくが、その前に若干の注意点がある。

まず、あとで見るように、ライプニッツの哲学が成熟するのは、彼の人生後半から晩年にかけてであり、これから紹介する理論は彼がスピノザと出会った三〇歳当時のものではない、という点である（要するに、以下の解説は物語の時系列に沿ったものではない）。

次に、ライプニッツは明らかに「体系的」な思想家――それも第一級の――であったが、これもあとで見るように、彼の残した哲学的な著作は断片的なものが多く、それに応じて以下での解説も幾分「つぎはぎ」的なものにならざるを得ない点である。だが、なるべく最大公約数的な解説となるように心がけるので安心してほしい。

さて、スピノザとの会見のあとしばらくして、ライプニッツもスピノザの『遺稿集』を入手したことだろう（スピノザはライプニッツとの会見後、四カ月で亡くなる）。その最も重要な部分が『エチカ』であることも、直ちに理解したはずだ。

ライプニッツは、スピノザの『エチカ』の中に自分の考えと一致するいくつかの見解を認めながらも、自分は根本的にスピノザに同意できない、と友人宛ての手紙で述べている。ライプニッツが強く批判したのは、〈神〉が唯一の実体であり、被造物は〈神〉の〈様態〉または〈属性〉に過ぎない、というスピノザの〈一元論〉ないし〈汎神論〉――存在するもののすべての総体は神である、とする考え――であった。実体の多様性はライプニッツが若き日より確信するところであり、絶対に譲ることのできない論点であった。

では、ライプニッツの「実体観」とは、どのようなものだったのだろうか。

それは〈モナド〉の理論に集約される。すなわち、ライプニッツは〈モナド〉こそが実体であると考えたのである。だが、これでは「〈モナド〉とは一体何なのか」という別の問いを呼び起こすだけだろう（数学史家ベルは「ライプニッツはモナドの理論によってこの世と来世のあらゆることを説明した。ただし、モナドを除いて」と茶化した）。

ライプニッツによれば、〈モナド〉は、空間的拡がりをもたない不可分の単純者である。〈モナド〉こそが自然の真のアトムであり、諸事物の要素である。〈モナド〉は部分をもたないので、つくられることも破壊されることもありえない。

こう聞くと、「なるほど、〈モナド〉とは、物理学や化学でいう原子のようなものか」と考えたくなってしまうが、これは誤りである。第一に、〈モナド〉は空間的・物質的特性を一切もたないので、（物理学や化学でいう）原子とはまったく異なる。第二に――この点があとで心身問題を考えるときにキーとなるのだが――〈モナド〉たちは互いに完全に独立しており、それらの間には（原子間でのような）因果的な相互関係・影響関係はまったく存在しない（「モナドには窓がない」というライプニッツの格言はここからきている）。

もうひとつのよくある誤解は、こうである。「〈モナド〉は真のアトムであり、諸事物の要素であるという。〈モナド〉とは何か非常に小さいものに違いない」。このような誤解をする人たちは、個々の人間も〈モナド〉であると聞けば驚くかもしれない。ライプニッツによれば、あなたも私も〈モナド〉なのである（むろん、別々の）。

何やら摩訶不思議な「実体」である。一体この〈モナド〉は何をするというのだろうか。というのも、〈モナド〉たちの間には因果的な相互関係がまったくないというのだ。そんな没交渉的な〈モナド〉たちが一体どうしてこの千変万化する自然の真のアトム、真の実在たりうるというのか。

技術的な細部に立ち入らないで一般的に説明すれば、〈モナド〉は「表現・表出すること」をその内的原理としている。つまり〈モナド〉は、（意識的ないし無意識的な）表象の作用をもっており、他の〈モナド〉たちを映し合うことによって、（究極的には）各自の視点から宇宙全体を表現・表出しているのである。

抽象的でわかりにくいので具体例で考えよう。古代ローマの政治家カエサルを〈モナド〉とみなし、これを「カエサル・モナド」と名づけよう。このカエサル・モナドは、例えばカエサルがルビコン川を渡ることや、クレオパトラと出会って恋に落ちるといったことを表現・表出する。別の見方をすれば、このカエサル・モナドには、カエサルの身に起こるすべてのことが含まれており（＝表現されており）、このカエサル・モナドを「覗け」ば、カエサルの身に起こるすべてのことが「わかる」のである。

つまり、〈モナド〉とは情報がぎっしり詰め込まれたカプセルのようなもので、カエサルならカエサルに関する一切の情報が詰まっており、それが事前にプログラムされた「命令」に従って自動的に展開してゆくのである。

ところで、カエサル・モナドが表現・表出する情報には別の〈モナド〉、（例えば）クレオパトラ・モナドに関する言及がある。他方、クレオパトラ・モナドも、カエサルと出会うことを表現・表出するはずである。すなわち、両〈モナド〉が互いを「映し合う」ことによって、カエサルとクレオパトラが出会う、という出来事が表現されているのである。

だが注意しよう。〈モナド〉の理論によれば、カエサルとクレオパトラの出会いは、何か因果的な仕方で記述されるような相互関係・影響関係ではない（少なくとも実在のレベルでは。というのも、〈モナド〉の間には因果的な相互関係がまったくないからだ）。むしろそれは「表現・表出的」な関係であり、カエサル・モナドとクレオパトラ・モナドのそれぞれが独立に表現・表出することの間の「内容的調和（一致）」なのである。

ライプニッツはこの（内容的）調和・一致のことを〈予定調和〉と呼んだ。彼によれば、神はこの宇宙を――ということはつまり、この宇宙を構成するすべての〈モナド〉を――創造する際に、この〈予定調和〉が働くように各々の〈モナド〉を「調整」したのである。つまり、「カエサル・モナドはカエサルがクレオパトラと出会うことを表現・表出しているのに、クレオパトラ・モナドにはカエサルのことなどまったく含まれていない」といった大惨事が起こらないように、神はすべての〈モナド〉を完璧にセットしたのだ。あたかも時計職人が、時計を出荷する際にすべての時計を同時刻に合わせるかのように——。

ライプニッツによれば、神は、各〈モナド〉を調整（プログラム）する際に、すべての可能な組み合わせを通覧し、その中から最善の組み合わせを選択したのだという。各々の組み合わせはひとつの「世界」であると考えることができるので、それらは「可能世界」と呼ばれる。つまりライプニッツの考えは、「われわれは、無数に考えられる可能諸世界のうち、最善の世界に住んでいる」というものだ。この考えをライプニッツの「楽観主義」という（「この世はいいことばかりだ」という楽観主義ではないので、誤解なきよう）。

次節では、以上で解説した〈モナド〉の理論を心身問題に応用してみよう。

ライプニッツの心身平行説

精神と身体との間には〈モナド〉間の〈予定調和〉が働いている——これが心身問題に対するライプニッツの解答である。

つまり、精神と身体との間には（デカルトが想定したような）因果的な相互関係は一切存在せず、〈モナド〉間の「内容的調和（一致）」が存在するのみである。

もう少し細かく見ると、こうなる。精神（魂）はひとつの〈モナド〉である。しかるに、身体はそれ自体では〈モナド〉ではない。なぜなら、定義によれば〈モナド〉は「空間的拡がりをもたない不可分の単純者」であるが、身体は明らかに空間的拡がりをもち、かつ分割可能だからである。

ライプニッツによれば、身体（物体）とはひとつの実体ではなく（これはデカルト説の否定となっている）、〈モナド〉の集合体なのである。この考え方には非常に神秘的な帰結が存在する。それによれば、身体（物体）の中にはいたるところに不可分、かつ不生不滅の「精神に似た」〈モナド〉が存在していることになる。私の目の前にあるコーヒーカップひとつとっても、「精神に似た」〈モナド〉に満ちているのだ。こうした思想は「汎心論」――いたるところに精神（魂）あり――と呼ばれる。

それはともかく、ひとつの〈モナド〉である精神と、身体を構成する無数の〈モナド〉たちの間にはやはり〈予定調和〉が存在し、各々の〈モナド〉たちは独立に（自らの内的原理のみに従って）表現・表出を行っているだけなのだが、にもかかわらず、全体として見ると、そこには完全な調和・一致が存在している。そしてその調和・一致を、われわれは「心身の結合」として認識しているのだ。

ところでライプニッツの心身思想には先行思想が存在する――マルブランシュの「機会原因論」がそれである。マルブランシュによれば、例えば、われわれの精神が物体（身体）の性質を感覚するのは、物体の動きを「機会（きっかけ）」として、神がわれわれの精神のうちに感覚を生じさせるからであり、また反対に、われわれの精神が身体を動かすのは、やはり神が精神に合わせて身体を動かすからである。神が真の原因であり、精神と身体の間に因果的な相互関係が存在するわけではない。

この説明からもわかるように、マルブランシュの神はかなり忙しい。例えば、あなたがソファに寝転がってせわしなくテレビのチャンネルをいじっているときも、神はあなたの精神と身体を一致させるべく働いているのである。かなり「おせっかいな」神であるとも言えるだろう。

ライプニッツは、そのような考え方は神の実態――そんなものがあれば、だが――にはそぐわないと考えた。ライプニッツの神は〈モナド〉を調整し、あらゆる可能世界を通覧して最善の世界を選択するだけで、その後は一切の手出しをしない（このように、神の存在は認めるが、世界創造後の神の「手出し」を認めない考え方を「理神論」という）。マルブランシュの神に比べて、かなり「控え目な」神である。

スピノザの異様な〈神〉と比べると、ライプニッツの神はまだユダヤ・キリスト教的な伝統と調和しうるものであり（ただし、理神論には「異端」のニュアンスがつきまとう）、この点においては、ライプニッツはスピノザよりもはるかに「保守的」な思想家であった。しかしながら、人間のことをやたらと気にかけ、しばしば歴史に介入するような人格神ではなくなった、という点で二人の思想家は一致しており、ここに近代的世界観のひとつの特徴があるのである。

二人の話に戻ってきたところで、スピノザとライプニッツの晩年の物語について簡単に触れ、本章を締めくくろう。

スピノザの晩年

ライプニッツが去ったあとのスピノザには、四カ月しか人生が残されていなかった。

一六七六年一一月のライプニッツとの会見が、晩年のスピノザにとってどれほど意義のあるものであったかは定かではない。何度か数時間にわたって語り合ったテーマの中には、道徳と神学に関する問題が含まれていたようだ。

ライプニッツは会談のあと友人に宛てた手紙の中で、「スピノザが打ち立てた形而上学は奇妙なもので矛盾に満ちている」と述べている。特に、神と自然を同一視するスピノザの汎神論的見解、そして人間から行為の自由をすべて奪い取ってしまう彼の厳格な決定論は、ライプニッツにとって受け入れることのできないものだった。

また、ライプニッツは自分の考えた神の存在証明をスピノザに説明したが、スピノザはよく理解できなかった。そこでライプニッツは「最完全者は存在すること」と題する文章を書き下し、この紙片をスピノザに示したが、やはりスピノザは納得しなかったらしい。

二つの偉大な形而上学的精神の交流は平行線をたどり、交わることはなかった――。

一六七七年二月二一日午後三時、スピノザは、ハーグのはずれにあるパヴィリヨン運河七二／七四番地にある彼の屋根部屋で、オランダ人医師シュレルただひとりに見守られて死んだ。死因は結核か珪肺症であると言われている。若い頃から胸を病み、また生活のために二〇年以上もつづけたレンズ磨きが――「自己原因」となって――彼の死を早めたのであろう。四四歳の早すぎる死であった。

スピノザが亡くなったその日は、ちょうど日曜日であった。下宿先の家主もスピノザに死が迫っているとはまったく気づかず、いつも通り教会に出かけた。街中の家族が教会に出かけ、コミュニティと交わりながら神に祈りをささげる中、スピノザはひっそりと息を引き取ったのである。

だが、彼の死を憐れむのは間違いだろう。彼はようやく、自分が最も愛する存在と完全にひとつになることができたのだから。『エチカ』第五部定理二三にはこう書かれている。

「人間精神は身体とともに完全には破壊されえず、その中の永遠である何かが残る」

ライプニッツの後半生

ライプニッツは七〇歳まで生きた。スピノザとの会見後も、相変わらず万能ぶりを発揮してエネルギッシュに活躍している。思想・研究活動を中心に、ライプニッツの後半生をまとめてみよう。

スピノザとの会見後、一六七六年一二月末、ライプニッツはあれほど引き伸ばしていたハノーヴァー入りを果たし、ハノーヴァー公の顧問官ならびに秘書官としての職に就いた。

早くも一カ月後、ライプニッツは、自らの能力とキャリアに対する正当な評価を求める覚え書——とりわけ、自分が二四歳の若さでマインツの高等控訴院判事に任命されたことを強調した——をハノーヴァー公に提出し、枢密顧問官への昇進を求めた。ライプニッツにとってこれは、自己のキャリアからして当然の要求であった。その後、再び昇進願いを提出し、一六七七年の末にライプニッツはようやく枢密顧問官に任命された。

一六七八年のはじめ頃になると、ライプニッツは、公の招請を受諾してハノーヴァーに来たのは正解だった、と思うようになっていた。俸給は当初提示されていたよりもずっと多かったし、そして何より、ヨハン・フリードリッヒ公が明敏さと寛容さを備えた名君であり、自分に大いに目をかけてくれたからであった。必要の際には、会議への出席などの日常的な義務が免除され、図書館の運営や学者たちとの文通、さらには自分自身の研究に専念する自由が与えられた。

この聡明な君主のもとで、ライプニッツはその恐るべきバイタリティを発揮し、次々と献策を行った。提言の中には、若者のためのキャリア・センターの創設、あらゆる商品を安く購入できる百貨店の設置、マーケティングを主な目的とした情報局の設立、文書局の組織化、寡婦・孤児のための拠出制年金制度、効率的な農業の奨励（および、そのための民謡・郷土舞踊の奨励）、良質のビールを地方へ普及させること、等々が含まれていた。

ちょうどこの頃——一六七八年の冬——当時すでにヘルフォルト尼僧院長となっていたエリザベトがハノーヴァーを訪れ、ライプニッツと会っている。二人はデカルト哲学——ライプニッツのデカルト評価は低いものであった——について議論を交わしたり、書物を紹介しあったりした。エリザベトはライプニッツにマルブランシュの著書『キリスト者の会話』を紹介し、これがきっかけとなって、ライプニッツとマルブランシュの間で書簡が交わされることになる。その後ライプニッツが病床のエリザベトを見舞っていることは、一章の終わりで見た通りである。

ヘルフォルトでエリザベトを見舞った際に、ライプニッツはエリザベトの妹ゾフィーと会っている。これは彼にとって重要な出会いであった。というのも、一六八〇年にヨハン・フリードリッヒ公が急逝するのだが、新しい君主となるエルンスト・アウグスト公はこのゾフィーの夫だったからである。

エルンスト・アウグスト公は最初からライプニッツの才能を認めていたが、この新しい君主は哲学や神学などの学問的なことにはあまり関心を示さず、代わりに公妃ゾフィーがこの方面でのライプニッツのよき理解者となった。ゾフィーは姉エリザベト譲りの好奇心の持ち主であり、ライプニッツと哲学や宗教、政治について議論するのをいつも楽しみにしていた（そして姉エリザベトがデカルトに対してしたように、しばしば鋭い批判の刃をライプニッツに向けたのであった）。ゾフィーは、冴えない連中が多い宮廷の中でひときわ目立つライプニッツの活動を、どこからでも蜜を集めてくる蜂の働きにたとえている。

君主が代わったのを機に、ライプニッツはかねてより温めていた計画を、首相兼式部官フランツ・エルンスト・フォン・プラーテンに投げかけてみることにした。その計画とは、ブランシュヴァイク＝リューネブルク家の歴史を編纂することであった。ちょうどこの頃、歴史研究に対するライプニッツの情熱が高まっていたらしく、彼が一六八五年五月二二日に君主に告げているところによれば、しばらくの間、自分の意志でブランシュヴァイク＝リューネブルク家の歴史研究に取り組んでいたという。この計画は正式に承認され、彼はさっそく史料集めに奔走した。ドイツ国内は言うに及ばず、必要とあらばオーストリアやイタリアにまで足を延ばすほどの熱の入れようであった。結局この仕事はライプニッツのライフワークとなった。

ライプニッツにはもうひとつ、ライフワークがあった。それは、プロテスタント教会とカトリック教会を再び統一することであった。もち前の楽観主義を発揮して、幾度となく両会派を和解させるための会議を企画した。だが、ライプニッツの切なる願いとは裏腹に、両会派の優れた人々はますますもって頑固になり、お互いの憎しみがますますもって強固なものとなったに過ぎなかった。

他にもライプニッツは、地質学に興味をもち、イタリア旅行——歴史編纂の取材の一環である——の折にも化石や地層の研究に没頭したり、中国研究に関心を寄せ、イエズス会中国宣教団の報告や通信を編集し、『最新中国事情』と題して出版したりしている。諸国の言語にも興味を抱きつづけ、人類の起源は単一であるとする立場から、おそらく言語にも単一の祖語があったに違いないと推定し、現在用いられている諸言語の中に広くその祖語の痕跡が残っているものと考えていた。

こうして多方面に才能を拡散させるライプニッツに対して、非難する声がないでもない。一八、一九世紀のみならず、あらゆる時代を通じて最大の数学者のひとり、「数学の王者」ガウスは、「ライプニッツは素晴らしい数学的才能をもっていたのに、何人も極めることができないほど多種多様な学問に才能を濫費してしまった」と非難した。ガウスにいわせれば、ライプニッツは数学においてこそ至高の存在たりえたのである。

だがライプニッツにとっては、多様性の中にこそ宇宙があった。調和の中にこそ生きる意味があった。幼い頃父の遺してくれた書庫で出会った様々な書物のように、人々の和を何よりも大切にしていた母の優しさのように――〈多様性〉と〈調和〉、これこそが「万学の天才」ライプニッツの生涯を貫くテーマであった。

ライプニッツの晩年

七〇年の生涯を通じて膨大な著作を残し、その「万学の天才」ぶりを遺憾なく発揮したライプニッツであるが、哲学の主要著作となると、その多くが彼の後半生に書かれている。

様々な思想的遍歴を経て、ライプニッツが自らの哲学体系をはじめて本格的に展開した『形而上学序説』は比較的早い段階での作品といえるが、書かれたのは一六八五年冬から翌年にかけてであり、ライプニッツ三九歳のときであった。彼はこの作品に対する確信を得るために、九年間も草稿を旅行カバンの底に秘めていたのであった。

ライプニッツが形而上学をめぐる自らの学説を公にした最初の論文「実体の本性と実体相互の交渉ならびに心身の結合についての新たな説」――『学芸雑誌』一六九五年六月号に掲載された――とな

るとライプニッツ四八歳のときの作品であり、自らの哲学の主要な原理を要約した二篇の啓蒙的な著作『理性に基づく自然と恩寵の原理』と『モナドロジー』に至っては、一七一四年、ライプニッツ六八歳のときの作品であった（どちらも彼の生前には出版されず、『理性に基づく自然と恩寵の原理』が初めて公にされたのは一七一八年、『モナドロジー』が出版されたのは一七二〇年のことである）。

ライプニッツはどこでも――旅先の宿はもちろん、移動中の揺れる馬車の中でさえ――仕事ができる人であったが、哲学に関する自分の考えを体系立ててまとめる時間をもてるようになるまでは、走り書きのようなもので満足しなければならないと自分を慰めていた。ここで挙げた諸作品も、あるときは偶然――『形而上学序説』は、旅先でぽっかり空いた数日間、何もすることがなかったのを幸いに書きつづったものである――またあるときは友人たちに求められて、いわば「機会の書」として書かれたものである。ガウスの言ではないが、もしもライプニッツが集中して形而上学の大著に取り組むことができたなら……いや、そんな可能世界の話はやめにしよう。

哲学的には多産な時期であったが、しかしながら、ライプニッツの晩年は――活動的な人生を送った人の晩年がしばしばそうであるように――暗いものであった。一六九八年に選帝侯エルンスト・アウグスト――その治世にあって、ハノーヴァーは選帝侯国の地位を獲得した――が逝去し、その長子ゲオルク・ルートヴィッヒが跡を継いだが、この新しい選帝侯はライプニッツに敵意を抱き、何かと言い咎めることが多かった。

新選帝侯がライプニッツ批判のやり玉に挙げたのは、ライプニッツが情熱を傾けていたブランシュヴァイク＝リューネブルク家の歴史編纂事業である。事業開始から一〇年以上も経っているというのに一向に姿の見えない「歴史書」に価値を見いだせず、新選帝侯は一六九八年一〇月、歴史編纂事業に対する手当を打ち切った。これに対しライプニッツは猛然と抗議し、自分は読んで楽しいだけの歴史を書こうとしているのではなく、他国にも前例のないような、学問的にもしっかりした歴史を書こうとしているのだ、と言い張った。散々揉めた末、仕事の進捗状況を報告する義務を負った助手をあてがわれ、結局、事業は継続となった（ブランシュヴァイク家史三巻本は一九世紀になってようやく刊行された）。

新選帝侯に敵意を向けられ、宮廷でも孤立していったライプニッツにさらに追い打ちをかけたのが、微積分法発見の優先権をめぐる論争であった。

一七一一年、王立協会の発行する学術雑誌『フィロソフィカル・トランザクションズ』において、微積分法の発見をめぐってライプニッツの「剽窃」を非難するジョン・ケールの記事が掲載されたのをきっかけに、論争に火がついた。

ライプニッツは沸き立つ怒りを抑えながら王立協会に善処を求める手紙を送り、これに対して王立協会は問題を調査する委員会を設置することで応えた。王立協会に提出された委員会の報告書は、なんと、ニュートン自身の筆に成り、ライプニッツ批判をその内容とするものであった。ライプニッツは、関係者および証人自身で構成された法廷に訴えられ、敗訴し、断罪されたのであった。もっとも、その後ライプニッツも似たような工作をして報いたのだから、五十歩百歩ではある。

孤立と闘争の中で刀折れ矢尽きたライプニッツは、一七一六年一一月一四日、土曜日の午後一〇時に、安らかに息を引き取った。葬儀と埋葬はライプニッツの秘書エックハルトによって取り仕切られ、少数の近親者と知人が列なる中、学生の合唱隊が讃美歌を歌った。エックハルトは宮廷の人々すべてに通知をしたが、ひとりとして列席した者はいなかった。王と廷臣たちは、リューネブルク近郊ゲールデの御猟場で狩りを楽しみ、ブランシュヴァイク＝リューネブルク家の三代の君主に仕えた忠臣に報いたのであった。

ライプニッツが四〇年以上にわたって仕えた宮廷も、またかなりの遺産を相続した甥も記念碑ひとつ建てようとはしなかったし、彼の墓には、死後五〇年以上もの間、何ひとつ刻まれないままであった。不憫に思ったのか、ヴォルテールは一七五九年に発表した小説『カンディード』の中でライプニッツの「最善可能世界」説を風刺し、ライプニッツ哲学に「楽観主義」の烙印を押して引導を渡してやることにした。

だが、浅薄な批判がひと通り過ぎ去ると、今度はライプニッツ再評価の波がやってきた。一九世紀のメンデルスゾーンによるバッハ再評価のうねりと同様、ライプニッツ再評価の大波もいまだに衰えることはなく、ますます勢いを増している。

至高の〈モナド〉、ゴットフリート・ヴィルヘルム・ライプニッツは、この最善の世界で永遠に輝きつづけるであろう。

三章　ラ・メトリと唯物論

――心身問題を「自然化」する

スピノザ、ライプニッツたちの巨大な形而上学的体系に取り込まれ、その一部となった心身問題は、一八世紀になると急速に〈唯物論〉――存在するのは物質のみであり、精神現象でさえも物質の働きに過ぎないとする説――へと傾斜してゆく。一八世紀に開花したフランス唯物論の急先鋒となったジュリアン・オフレ・ド・ラ・メトリの物語を通じて、その様子を確認することにしよう。

Julien Offray de La Mettrie

一八世紀フランスの思想的状況

一八世紀初頭、フランスの知識人たちは苦悩していた。

近代哲学の父デカルトがフランスに生まれたことは誇りとすべきであるが、そのあとがぱっとしなかったのである。スピノザ、ライプニッツはそれぞれオランダ、ドイツの哲学者であり、イギリス経験論の父ジョン・ロック——彼の認識論と政治思想はフランス知識人たちに多大な影響を与えた——は、むろんイギリス人であった。要するに、フランスの哲学は、イギリスやオランダ、ドイツに遅れをとっていた。

フランス知識人たちの「敗北感」をいっそうかき立てたのは、至高の天才アイザック・ニュートン——仲たがいする前のライプニッツが称賛したように、数学と物理学におけるニュートンの業績は、彼以前の歴史を全部ひっくるめたものよりも優れていた——を輩出したのがフランスではなかった(イギリスだった)ということである。ニュートンを賛美せずして知識人ではいられなくなった時代にあって、この「敗北感」はフランス知識人たちの肩に重くのしかかった。

殊勝なことに、フランスの知識人たちは「敗因」を分析し、ひとつの結論にたどり着いた。デカルトが古い誤った学問を破壊したところまではよかった。しかし、その後〈生得観念〉——人間精神に生まれつき備わった観念——を認め、そこから出発して人間の認識を説明しようとした点でデカルトは道を誤ったのである。実際には人間の心は、ロックが言うように最初は白紙(タブラ・ラサ)であり、観念(および知識)の起源はあくまで「経験」にあるのだ。ニュートンのあの輝かしい偉業は、フランシス・ベーコンを先駆者とし、ロックを建設者とする、イギリス経験論の勝利だったのだ……。

このような学問史観はダランベールが『百科全書』で描いたものであり、一八世紀中葉の標準的見解のひとつであったと言える。こうした「反省」のもと、一八世紀フランスの哲学は――デカルト流の合理主義に反対して――急速に経験主義的な色合いを強めてゆく。ここで面白いのは、フランスにおけるイギリス経験論の受容が、もっぱら〈唯物論〉的な解釈のもとに行われた点である。イギリス本国では、ジョージ・バークリ、デイヴィッド・ヒュームらを経て、イギリス経験論が〈観念論〉に傾斜してゆくことを考えると、これは皮肉な展開である。

一八世紀フランスの哲学は、イギリス経験論の〈唯物論〉的な受容のもと、前世紀の合理主義に反対して経験主義に傾いていった、と要約することができる。一八世紀はしばしば「理性（と啓蒙）の世紀」と呼ばれるにもかかわらず、経験主義の時代だったのである。

このような思想的状況の中を生きたのが、本章の主人公ジュリアン・オフレ・ド・ラ・メトリである。キーワードとして〈唯物論〉および〈経験主義〉を念頭に置きつつ、この西洋哲学史上最高の「俗物」ラ・メトリの物語を紐解いてみよう。

誕生から医学への道まで

ランゲが著書『唯物論史』の中で述べているところによれば、ラ・メトリは「最も侮辱され、最も読まれなかった著述家」であった。実際、ラ・メトリは一八世紀フランス唯物論の一種の「スケープゴート」だったのである。

ラ・メトリは、〈唯物論〉を批判する論者たちにとって格好の標的となったばかりでなく、これを支持する論者たちにとっても格好の身代わりとなった。つまり、〈唯物論〉的思想を支持する場合でも、ラ・メトリを極端な代表者として一蹴することによって、最も厳しい非難からわが身を守ったのである。実際のところ、ラ・メトリはフランス唯物論における最も極端な論者であったばかりでなく、最も初期に登場した論者でもあったため、二重に多くの非難を受けることとなった。

ジュリアン・オフレ・ド・ラ・メトリは、一七〇九年一二月一九日、フランス北西部のブルターニュ海岸にある小都市サン・マロに生まれた。年齢の点でいえば、彼はフランス啓蒙運動の思想家たちの中で兄貴分にあたる世代である。モンテスキューとヴォルテール、ビュフォンを除けば、ほとんどすべてのものが彼よりも若かった。ラ・メトリ、ルソー、ディドロ、エルヴェシウス、コンディヤック、ダランベール……とつづく。

ラ・メトリの父親は富裕な絹商人で、息子によい教育を受けさせる経済的余裕があった。彼は最初、コレージュ・ド・クータンスに入学したが、次いでパリのコレージュ・ドゥ・プレシスに移り、聖職者となるための教育を受けた。ここで彼はジャンセニスム——一七世紀中期以降、フランスを中心に流行したキリスト教思想——に傾倒し、その思想を支持するパンフレットまで書いたそうである。のちに開花するパンフレット作家としての才能は、すでにこの頃からその片鱗をのぞかせていたわけだ。

しかし、青年ラ・メトリのジャンセニスムに対する情熱はすぐに冷めた。本質的に陽気であけっぴろげな性格であり、なおかつ世俗の愉しみを好んだラ・メトリが、ジャンセニスムの神秘的禁欲主義にいつまでも我慢できるはずがなかったのである。一七二五年、一六歳のときに有名なコレージュ・ダルクールに入学し、哲学と自然科学を学んだ（この大学はデカルト主義をカリキュラムに導入した最初の学術機関であった）。

文学士の称号を得たラ・メトリは、父親の希望であった聖職者の道を捨て、医学の道を進むことにした。辛気臭い神学を学ぶ気にはとてもなれず、かといって田舎に戻って家業を継ぐというのもあまり気が進まない。そして何より、ラ・メトリはパリでの都会生活を気に入っていた。というわけで、ソロバン勘定の得意な父親を納得させるためにも、僧侶につづく出世の道であった医学の道を選んだのは、半ば当然の選択だったのである。

だが、ラ・メトリが医学の道を選んだ本当の理由は、別にあった。ラ・メトリと同郷の医師フランソワ・ジョゼフ・ユノーの影響である。ユノーの父親もまたサン・マロで医者をしており、ラ・メトリ家とは家族ぐるみの付き合いがあった。ラ・メトリより八歳年上のユノーは、二三歳の若さで科学学士院の会員に選ばれ、ラ・メトリがパリで学んでいた頃には、「王立庭園」での解剖学講師の職に就くところであった。同郷の先輩の活躍ぶりは、若きラ・メトリにとって大きな刺激となったことだろう。結局ラ・メトリは、一七二七年から一七三一年までを医学生としてパリで過ごしている。

いよいよ医学博士の学位を取得する段になって、ラ・メトリはランス医科大学に移った。パリよりもランスのほうが学位取得の費用がかからない、というのが理由だったらしいが、案外、同大学で学位を取得したユノーの背中を追ったのかもしれない。あるいは、どうせくだらない論文を出して学位を得るなら、安上がりのほうがよいに決まっている、という商家の息子らしい計算が働いたのかもしれないが。当時、学位論文の形式は決まっていて、その題目も「恋愛は健康によいか」とか「脈拍によって恋愛を知りうるか」、「牡蠣を食すときには白ワインを飲まねばならぬか」といった無意味なものばかりだったのである。

ともあれ、ラ・メトリは、一七三三年三月二日にランス医科大学の試験を通過し、同年五月二九日付で博士号を取得している。ラ・メトリ二三歳のときであった。

ちなみに、その博士論文のテーマが何であったかは謎である。

師ブールハーフェ

博士号を取得後、ラ・メトリはライデン大学に赴き、名医ヘルマン・ブールハーフェの弟子として、二年間研鑽を積んでいる。インチキ論文で医師となり、そのまま医療に従事するほど彼は不誠実な人間ではなかった。彼は、自分の学問をやり直すためにライデンへ赴いたのである。

ヘルマン・ブールハーフェは一八世紀の最も偉大な医学者のひとりである。彼の名声はヨーロッパ中に響き渡っており、ライデン大学で行われた彼の講義には、全ヨーロッパから研究者や学生たちが詰めかけた。彼の門下には、スウェーデンの植物学者カール・フォン・リンネをはじめ優秀な学者が多く、その影響はわが国の蘭学にも及んでいる。どこまで本当かわからないが、「ヨーロッパ、著名なるブールハーフェ様」とだけ宛名の書かれた中国の官僚からの手紙が普通に届いたという。

一八世紀のはじめ頃、ヨーロッパの医学は大混乱の状態にあった。ギリシア医学がまだ命脈を保っており、その後の新しい発見や考え方を統合しようとする努力は、まったくなされていなかった。そうした中で、ブールハーフェは孤軍奮闘、新たな医学理論を打ち立てようと苦心していたのであった。

だが、医学の歴史においてブールハーフェの名を不朽のものにしているのは、近代的な臨床医学教育に対する彼の貢献である。彼は「ベッドサイド・ティーチング」を創始したひとりであり、病歴の調査や経過観察、体温測定、尿検査、死後の解剖を重視した。彼は、医学が基本的にめざすべきものは患者のケアである、というヒポクラテスの原理を自らの信条とし、まず患者を診察して病気の内容について考察すること、そしてその上で理論を形成することが大切であると考えた。目の前の患者をろくに診もせずに、古ぼけた医学書とにらめっこして病名を診断するようなスタイル――当時の医師には多かったのだが――には断固として反対した。

他方でブールハーフェは、当時対立していた「イアトロ化学」――化学（この頃はまだ錬金術と未分化であった）の医学への応用――と「イアトロ物理学」――物理学・力学の医学への応用――の双方の理論を集約した折衷主義者としても知られた。彼は、自らの理論的な立場とは相容れない学説であっても、病気の説明に有用である場合には躊躇なくこれを用いた。例えば、彼はガレノス流の四体液説――人体は血液、粘液、黄胆汁、黒胆汁から成るという説――には批判的であったが、他方でガレノスの理論が病気を説明できる場合には、ためらうことなくこれを用いた。彼にとって重要なのは、目の前にいる患者を救うことであり、学者や学説の間の優位性は二の次であった。

この偉大なオランダ人医師からラ・メトリは決定的な影響を受けた。ブールハーフェに師事するうちに、ラ・メトリは自分がパリで身につけた医学の知識を恥じるようになった。ブールハーフェを前にして、「自分は医者です」とはとても言えないと彼は思った。このような若者の羞恥心・劣等感はやがて怒りに変わり、その矛先は、自分を育んだパリの医学界に向けられることになる。が、それはまだ先の話である。

ブールハーフェのもとで充実した二年間を過ごし、大きな達成感（とほの暗い劣等感）を得たラ・メトリは、一七三五年に郷里サン・マロに戻り、医師として開業した。同時に彼は、尊敬する師の業績を広めるべく、ブールハーフェの『花柳病論』を翻訳し、それに注釈——花柳病、つまり性病の起源および治療史に関する一〇〇ページにわたる概観——を施したものをパリで出版している。ラ・メトリ二五歳頃のことである。

この、恩師に対する尊敬と愛情にあふれたささやかな仕事が、ラ・メトリの眠れる闘争本能を叩き起こす出来事のきっかけになるとは、このとき誰も予想しえなかったであろう。

医療風刺作家ラ・メトリ

ラ・メトリが『花柳病論』の注釈つき翻訳を出版した翌年（一七三六年）、パリ医科大学の著名な学者ジャン・アストリュックがまったく同じタイトルの本を出版した。その中でアストリュックはブールハーフェの学説を批判し、ついでに性病の本性、歴史、治療法に関するラ・メトリの見解についても、博学を頼んでその不備を指摘した。

パリ医科大学を代表する学者に批判され、ラ・メトリは自分自身と師ブールハーフェを擁護する必要を感じた。早くも翌年、ラ・メトリは小著『眩暈論』の巻末に付した公開状の中で、アストリュックの議論に批判を加えた。この頃まではラ・メトリはまだ学術的なスタイルを尊重しており、批判の内容も、性病の理解をめぐるアストリュックとの相違点についてなど、ごくごく限定的なものであった。

だが、論戦が激しさを増すにつれ、ラ・メトリの「行儀の悪さ」が徐々に露呈してゆく。ラ・メトリの毒牙がはっきりした形で表れたのは、一七四四年に出版された『仇討ちをした外科医』という作品である。この作品でラ・メトリは――アストリュックとの議論をつづけつつも――その論争スタイル、ないし戦術をがらりと変えたのだ。

この作品の中でラ・メトリは、博学頼みの学者の知識が、果たして病気を研究する上で効果的かどうかを疑問視している。さらに彼は、実証的な医学の訓練を受けぬままに専門家となる当時の医学教育のシステムに疑問を投げかけた。要するに彼は、アストリュックに対してなされるべき学術的な批判を、当時のパリ医学界全体に対する批判――いまふうにいえば、「業界批判」――にすり替えたのである。

最悪なことに、ラ・メトリは禁じ手「対人論証」にまで手を染めた。アストリュックの臨床経験の欠如――彼はおそらく性病の実例すら見たことがなかったであろうから――を問題視し、アストリュックの主張に疑問を投げかけたのである（このように、論者の主張そのものではなく、論者の資質や経験を攻撃する論法を「対人論証」という。これは大変卑怯な論法である。というのも、論者の資質や経験と、主張そのものの正当性や妥当性は無関係だからである）。

ラ・メトリの論争スタイルの変化は、彼が一医師、一学者としてではなく、「風刺作家」として物申すことを決意した、その表れでもある。実際彼は、以後、『マキャベリの医師の政策、別名、医者に開かれた出世の道』（一七四五年）、『仕返しをした医科大学』（一七四七年）など、辛辣無比の医療風刺書を次々と産み出してゆくのである。彼は晩年に至るまで、哲学者と同時に医療風刺作家としての活動を継続した。

だが、医療風刺作家としてのラ・メトリの活動が、単に彼個人の（アストリュックとの）論争や（パリ医学界に対する）恨みつらみに基づくものと考えるのは間違いである。実はこの時期――特に一七二四年から五〇年にかけて――医師と外科医の間で「パンフレット戦争」と呼ばれる壮絶な論争があり、ラ・メトリもこれに片足を突っ込んでいたのである。

一体、パンフレット戦争とは何か。これは大変興味深い論争である上に、ラ・メトリの思想を理解する上でも極めて重要な出来事なので、少しだけ医学史の小道を覗いてみよう。

医師と外科医の対立

パンフレット戦争の背景には、医師（内科医）と外科医の間の長きにわたる対立があるのだが、その歴史の根は深い。

中世ヨーロッパの修道院では、手術する部位を脱毛したり、浣腸をしたり、ヒルに血を吸わせたりといった作業のできる者が必要となった。その仕事を担ったのは、理髪師の職に就いていた者たちであった（当時は医師といえば内科医を指したが、彼らはこういった作業を嫌がった）。

はじめのうちは抜歯や異物（腫れ物）の除去、瀉血のための静脈の切開――今日、床屋の店先で見られる赤と青の標識は、彼らが腕をふるった瀉血によって噴き出る動脈と静脈の血の色を表している――といった作業に限られていた理髪師兼外科医の仕事は、そのうち結石の除去や骨折・脱臼の処置、ヘルニアの手術、出産の介助にまで広がり、次第に専門職としての地位が確立されていった。

理髪師兼外科医たちの社会的権威が徐々に増大してゆくのは、当然の成り行きであった。患者からすれば、実際に病気を治してくれるのは、（インテリの内科医たちではなく）理髪師兼外科医たちであり、医療の現場で新たな発見や発明を行ったのも、（やはり内科医たちではなく）理髪師兼外科医たちだったからである。

理髪師兼外科医たちは非常に結束の固い組合を形成し、一四九九年、彼らは死体を手に入れ、解剖のデモンストレーションを行うことに成功した。彼らは自分たちの実力を世に知らしめたのである。彼らの「あまりに身勝手な」行動に内科医たちは激怒し、理髪師兼外科医たちの「越権行為」を非難した。

医師（内科医）と外科医の間の対立は激しさを増し、以後もつづくのだが、ラ・メトリの時代に大きく再燃した。それが「パンフレット戦争」と呼ばれる大論争である。

パンフレット戦争

医師（内科医）と外科医の間の対立を再燃させるきっかけとなったのは、一七二四年の条例であった。その条例は、コレージュ・ド・サンコームに対し、五名の外科実演者を任命し、彼らに解剖学と外科学における公開の講座を行わせる権利を与えるものであった。

当時医師たちは、「医師が外科医に解剖学とその技術を教える」という一方的な教授関係によってかろうじて自分たちの権威を保っていた。しかし一七二四年の条例は、実質的に外科エリートによる独自の組織を認可し、医師による医療教育――外科技術の指導も含まれる――の独占を廃止しようとするものであった。つまり、「医師が外科医を教える」という一方的な教授関係を否定することにより、医師の外科医に対する主導権を無効化しようとするものだったのである。

容易に予想がつくように、医師たちは一斉に反発した。自分たちが守ってきた伝統的な領分――医療教育――を外科医たちに侵されることに対して、医師たちは次々に抗議の声を上げた。外科医たちも負けじと自分たちの権利を主張した。互いの主張と批判、誹謗中傷は無数のパンフレットとなって飛び交い、論争の渦を巻き起こした。ゆえに「パンフレット戦争」と呼ばれるのである。

これもある程度予想がつくように、パンフレット戦争は外科医たちの有利に事が運んだ。医師たちは伝統的な医学教育――医師が外科医を教える――を保守することしか頭になく、防戦一方であった。他方、外科医たちは、過去数世紀にわたって医療の現場に立ってきた自分たちの実績――実際に手を動かして患者を治療してきたのは自分たちであり、医学の発展に貢献するような新しい発見や知見を得てきたのも自分たちである――を誇らしげに掲げ、論争を見守る人々の喝さいを浴びた。

ラ・メトリが首を突っ込んだのは、概略このような論争であった。事実、一七四四年に出版された『仇討ちをした外科医』は、ラ・メトリのパンフレット戦争への参加を告げる作品でもあったのである。

この書物でラ・メトリは、迷うことなく外科医たちを支持した。医師ではなく、外科医こそが――彼らのもつ〈経験〉ゆえに――最も有能な医療従事者であり、それゆえ最もよく公共の利益を促進することができるとラ・メトリは主張した。〈理論〉よりも〈実践〉を、〈博学〉よりも〈経験〉を重視する外科医たちの姿勢を高く評価したのである。

ラ・メトリのこうした主張は、当然ながら、パリ医学界のエリート医師たちを激怒させた。彼らの中には、パリ時代のラ・メトリと机を並べた元同僚たちもいたはずであり、そんな彼らにしてみれば、ラ・メトリはとんだ「裏切り者」だったのである。事実ラ・メトリは、パンフレット戦争において外科医の肩をもった唯一の医師であった。

なぜラ・メトリは、外科医たちを支持したのか。

まず考えられるのは、師ブールハーフェから受けた影響の大きさである。ラ・メトリにとってブールハーフェは——批判的吟味の対象でありつつも——医学における〈理論〉と〈実践〉の関係を考える上での理想でもあった。ライデン大学でブールハーフェに師事したことで、ラ・メトリは、自分が受けた医学教育の欠陥を痛感すると同時に、パリのインテリ医師たちがもつ欠点にも気づかざるを得なかったのである。

もうひとつ重要な点は、〈理論〉よりも〈実践〉を、〈博学〉よりも〈経験〉を重視する外科医たちの姿勢は、実をいえば、ラ・メトリの哲学的態度そのものでもあった、ということである。ラ・メトリといえば「唯物論者」ないし「機械論者」のイメージが（いまも昔も）強烈であるが、彼は何よりもまず「経験主義者」であった。経験と観察こそが、ラ・メトリの哲学的探究を導くものであり（彼は「経験の杖」と呼んでいる）、人間本性解明のための唯一の方途であった（この意味でラ・メトリは、「経験主義の時代」・一八世紀の時代精神を明確に体現した思想家のひとりであった）。

パンフレット戦争は一七五〇年代に終わりを告げた。フランスのエリート外科医たちの地位は誰もがうらやむほど高いものとなり、彼らはもはや医師（内科医）たちにへこへこする必要はなかった。

また外科医たちは、念願であった自分たちの手で後進を育成する権利を獲得した。一七五〇年にはサンコームの講堂が（パリの医局とは独立の）外科大学となり、フランス国内における最も活気に満ちた医学教育の中心地となった。この大学は病院での研修と病理解剖学に重点を置き、パリの臨床医学の発展に大きく寄与した。

あと知恵で考えれば、ラ・メトリが参戦しようがしまいが、パンフレット戦争が外科医たちの勝利で終わることは、半ば歴史の必然であった。この時代、自然科学は教会の権威や哲学的な基礎づけに別れを告げ、自律的発展の道を歩もうとしていた。〈経験〉だけを導きの糸にして、自然科学は旧来の権威から独立しようとしていたのである。このような流れの中に、外科医たちの勝利もあった。〈経験〉を重んじる外科医たちの勝利は、近代自然科学がめざした「あらゆる権威からの独立」によって約束されていたのである。

自然科学が次々に「自立」してゆく中、哲学者たちはどうしたか。彼らは認識論に力を注ぎ、科学的認識の基礎づけの役割を買って出ることで、科学に対する哲学の優位を示そうとした。だが歴史が示すように、科学の発展はそうした試みを全部無視することでいっそう進んだ。結局哲学者たちにできたのは、せいぜい、自然科学の自律的発展とその目を見張るような成果を追認することだけだった。

ラ・メトリがパンフレット戦争において果たした貢献は、この「せいぜい」の部分――外科医たちによる自然科学的、経験科学的な医学の発展とその成果の追認――だけであり、それは彼自身、自覚していたことだろう。それどころか彼は、自然科学の成果を追認することこそが、人間本性解明のための唯一の正しい道であるとさえ信じていたのである。

われわれはあとで、ラ・メトリの過激なまでの〈経験主義〉ないし〈自然主義〉的傾向を目の当たりにするであろう。

従軍と熱病

ラ・メトリの生涯に話を戻そう。

一七三五年に郷里サン・マロに戻ってからの七年間――ラ・メトリが二五歳から三二歳の頃――は開業医として働く傍ら、師ブールハーフェの著作を翻訳・解説したり、（それがきっかけとなった）アストリュックとの論争に巻き込まれたりと、精力的に活動していたラ・メトリであるが、その私生活については、残念ながら多くが謎に包まれている。

一七三九年にはマリ・ルイズ・ドロノーという女性と結婚し、二人の子供をもうけたが、その後ラ・メトリと家族の関係がどうなったかは伝わっていない。この結婚生活は不幸なものであったと断言する研究者たちもいる。

一七四二年、ラ・メトリの姿はパリにあった。彼はそこで、同郷の医師モーランおよびシドーブルの推薦により、グラモン侯が指揮する近衛連隊の軍医となったのである。去る一七四〇年からヨーロッパ主要国を巻き込んだオーストリア継承戦争がはじまっていたが、ラ・メトリも軍医としていくつかの戦場を経験した。

しばらくは戦場とパリを行ったり来たりする生活がつづいたが、再度の従軍――一七四四年のフライブルグ包囲戦――の際に、熱病にかかった。この熱病体験は、ラ・メトリにとって〈唯物論〉を信ずべき一種の「啓示」となった。

幾日も高熱に苦しめられ、ラ・メトリは毎晩悪夢にうなされた。そんな中ラ・メトリは、激しい動悸と血液の循環が思考に及ぼす影響について観察しつづけた。そして、思考や心の作用は、身体（とりわけ脳と神経系）における変化の結果に他ならない、と結論した。うなされながら毎晩夢に見た、あの不気味でグロテスクなイメージも、すべて高熱が脳に与えた影響の結果に違いない――病気から回復する頃には、ラ・メトリは完全に〈唯物論〉哲学の正しさを信じるようになっていた。

この、ラ・メトリの「唯物論への回心」のエピソードを、（一章で見た）デカルトの哲学への回心のエピソードと比べてみるのは興味深いことだろう。デカルトの場合は、居心地のよい冬の炉部屋で見た幻想的な夢であったが、ラ・メトリの場合は、野戦病院の粗末なベッドの上で、高熱にうなされながら見た悪夢であった。かたや精神と身体の間の実体的区別を認める〈心身二元論〉の祖となり、かたや存在するのは物質のみであり、精神現象でさえも物質の働きに過ぎないとする〈唯物論〉の強力な推進者となったのである。

オランダへの逃亡

こうして〈唯物論〉の啓示を受けたラ・メトリは、そのインスピレーションを『霊魂の自然誌』という作品にまとめ上げ、一七四五年にオランダで出版した。「アリストテレスもプラトンも、デカルトもマルブランシュも、霊魂が何であるか説明できなかった」という書き出しではじまるこの作品は、ラ・メトリ初の哲学的著作である。その著述スタイルは、伝統的な哲学・形而上学論文の体裁を踏襲しており、アリストテレス的な実体形相の学説——この学説は、ラ・メトリ自身がのちに「古い、わけのわからない説」と喝破する——にも言及しつつ、少しずつ自己の〈唯物論〉哲学へと読者を導いてゆく、というものである。要するに、かなり正統派の哲学論文のスタイルである。

この時期はラ・メトリにとって、よほど創作意欲にあふれる期間だったのだろう。この『霊魂の自然誌』の他にも、すでにパンフレット戦争との関連で紹介した『仇討ちをした外科医』や『マキャベリの医師の政策、別名、医者に開かれた出世の道』、『仕返しをした医科大学』といった作品を次々と発表している。

こうして哲学者兼医療風刺作家としての生活をはじめたラ・メトリであったが、同時にそれは、多くの非難を浴びる日々の幕開けでもあった。

最初の非難は、『霊魂の自然誌』に対して向けられた。近衛連隊付きの説教師がこの作品の〈唯物論〉的思潮に対して警鐘を打ち鳴らし、信心家と自称するすべての人々がこれに共鳴し、叫び声を上げた。間もなくいたるところでラ・メトリに対する憤怒の叫びが巻き起こり、彼はもはや近衛連隊付きの軍医の職に留まることができなくなっていた。彼は心ある人々に惜しまれつつ連隊を去り、各地の野戦病院を転々としながら軍医の職をつづけ、行く先々で監督医官に任命された。

これに懲りずラ・メトリは医療風刺をつづけ、同業者およびパリ医科大学の無知蒙昧と腐敗ぶりを痛烈に批判した。その結果、一七四六年、パリ高等法院による断罪と禁書処分が下され、ついに彼の著作は広場で焼かれることになったのである。彼自身の身辺も危なくなったが、その翌年『仕返しをした医科大学』を著して、よせばいいのに「著者が生きていれば、書物を焼いたからといって何になる」と大見得を切って敵の憎悪をさらに掻き立てたので、ついに彼はライデンに逃亡せざるを得なくなった。

しかし、敬愛する師ブールハーフェは八年前に亡くなっており、若き日のラ・メトリを知る人は少なかった。青春時代を過ごしたライデンの街は、ただの異国の地となっていた。「銅貨一枚にも不自由した」という亡命生活の中、ラ・メトリの行き場のない怒りと攻撃性は頂点に達していた。

かくも惨めで悲惨な状況にありながら、一七四七年の末、ラ・メトリは『人間機械論』——彼の代表作にして最高傑作である——を世に問い、自らの〈唯物論〉思想を高らかに宣言したのであった。彼にとってこの作品は、世間のわからず屋どもに対するカウンターパンチのつもりだったのである。実際には、その百倍の拳の雨が彼の身に降り注ぐことになったのだが。

この、西洋哲学史上最もアグレッシブな「唯物論宣言」の中身を覗いてみよう。

『人間機械論』

「人間は機械である。また、全世界には、様々に様態化された唯一の物質が存在するのみである」

これがラ・メトリの『人間機械論』における結論である。この結論には、大きく二つの主張が含まれている。〈唯物論〉と〈機械論〉である。

実をいえば、どちらの主張もラ・メトリがはじめて唱えたわけではない。まず〈唯物論〉についていえば、ランゲが『唯物論史』の冒頭で述べているように、「唯物論は哲学と同じくらい古い。しかし、哲学よりは古くない」。

そもそも哲学は、自然〈現象〉を説明するのに神や精霊をもちだすのではなく、宇宙を統一あるものとして考え、その起源に合理的な説明を与えようとする努力の中からはじまった（古代ギリシアの哲学者タレス──「万物の根源は水である」と主張した──は、宇宙の成り立ちを説明するのに神や精霊をもちださなかった、最初の人である）。こうした初期の努力の中に、〈唯物論〉はすでに根を下ろしていたのである（万物の根源を不生不滅、かつ分割不可能なアトムとみなしたデモクリトスの古代原子論は、その表れである）。

同様に、〈機械論〉という考え方についても、その起源は「哲学より古くはない」程度のものかもしれない。しかし、ラ・メトリの時代に決定的な影響を与えたのは、ガリレイが先鞭をつけ、デカルトが発展させた「機械論的自然観」──宇宙の生成変化を決定論的な因果関係とみなす考え方。宇宙の生成変化を目的への進行とみなす「目的論的自然観」に対置される──であり、身体を機械とみなし、動物は自動機械であると考えたデカルトの身体論である（ただしデカルトは、人間は精神をもち、自由意志をもつがゆえに自動機械ではないと考えた）。ラ・メトリの人間機械論は、デカルトの身体論を〈動物だけでなく〉人間にも適用したものだ、と言えるだろう。

したがって、〈唯物論〉も〈機械論〉も──その表現の激しさを除けば──ラ・メトリの思想の独自性を示すものではない。

ラ・メトリ哲学の真の個性──それは、過激なまでの〈経験主義〉にある。「われわれは経験と観察のみによって導かれるべきである」と述べるように、ラ・メトリは、人間本性の解明にあたってわれわれが頼るべきは、経験と観察から得られる証拠だけであり、何か超自然的な、形而上学的な原理や理論ではないと考えた。後者に頼ってばかりいる哲学者――ラ・メトリにとっては、ほとんどすべての哲学者――に対する彼の批判は辛辣である。

「ライプニッツの学徒は、例のモナドを振り回して、わけのわからない仮説を築き上げた。この連中は、霊魂を物質化するよりむしろ、物質を精神化したというわけだ。その本質がわれわれには絶対に知られないような存在物を、いかにして定義できようか。

デカルトおよびすべてのデカルト主義者たち――この中には長い間、マルブランシュの学徒も数えられてきた――も、同じ過ちを犯した。この連中は、人間の中に二つの判然と区別される実体を認めたが、まるで自分らの目で見てはっきり数えたとでも言わんばかりである」

そしてラ・メトリは、読者に力強く訴えかける。

「偏見の鎖を断ち、経験の松明で武装せよ」

このようなラ・メトリの〈経験主義〉ないし「反形而上学」的姿勢は、『人間機械論』の著述スタイル、フォーマットにも影響を与えている。

伝統的な哲学論文のスタイル――ラ・メトリ自身、初の哲学的著作『霊魂の自然誌』で踏襲した――では、まず論証の前提となる原理を吟味し、そこから一歩ずつ、論理の鎖をたどってゆく、という形が一般にとられる。それに応じて書物のフォーマットも、複数の章に分けたり、さらに細かくセクション分けを行ったりと、工夫がなされる。極端な例はスピノザの『エチカ』で、幾何学の本のようなスタイルになってしまった。

他方、『人間機械論』においては、章立てやセクション分けが一切なく、ひとつながりに書かれている。それは、体系的に論理を追求するよりもむしろ、刺激的で挑発的な議論を展開し、知識人たちの間に速やかに流布することを意図したスタイルであった。学術的な論文というよりも政治パンフレットを思わせるスタイルであり、これは、パリの医師たちと論戦を繰り返す中で鍛え上げられた、ラ・メトリ独自の戦略的文体である。

その激しいラ・メトリの主張を、いくつか具体的に拾ってみよう。

「人間は自らゼンマイを巻く機械である」

ラ・メトリは自らの〈唯物論〉に課せられた使命をよく理解していた。

——それ自体は感覚をもたない物体の運動が、いかにして感覚になり得るのか。

——その際、感覚すると言われているのは一体「何者」なのか。

——どこに、どうやって感覚は生じるのか。

こうした様々な疑問をもつ人々に説得的な証拠やデータを提示すること——これこそがラ・メトリの〈唯物論〉に課せられた使命であった。

ラ・メトリは「魂のすべての能力は脳の組織、ならびに身体全体に依拠しており、いや、それどころかこうした組織そのものに他ならない」と主張してはばからない。彼によれば、「運動の原理を少しでも仮定すれば、生命のある物体は、動いたり、感じたり、考えたり、後悔の念を抱いたり、一言でいえば、自ら行動するために必要なすべてのものを——肉体においても、その肉体に依拠する精神においても——もつであろう」という。

つづけてラ・メトリは、「そんなこと言われても納得できない」という読者を想定して、生理学や解剖学における実例を列挙する。ここにラ・メトリ〈唯物論〉の真骨頂がある。

一、動物の肉はすべて死後でもぴくついている。これは動物の血液が冷たく、汗をかくことが少ないほど長つづきする。カメ、トカゲ、ヘビなどがその証拠である。

二、身体から切り離された筋肉も、突っつくと収縮する。

三、腸は長い間、蠕動運動をつづける。

四、熱湯を少し注ぐだけで、心臓や筋肉は再び動きはじめる。

五、カエルの心臓は、身体から取り出したのち、一時間以上も動く（カウパーの報告）。

六、同様の観察が人間でも得られた（ベーコンの報告。反逆罪の宣告を受けて、生きたまま解剖された男の話）。

七、卵の中にいる雛鳥の心臓についても、同様の現象が見られる（同一の実験が、ハト、犬、ウサギでも行われている）。また、モグラの脚をもぎ取っても同じ運動が見られる。

八、青虫、ミミズ、クモ、ハエ、ウナギも同様である。

九、酔っぱらった兵士が一刀のもとに七面鳥の首をはねた。すると七面鳥は、しばらくじっと立っていたが、やがて歩き出し、走り出した。壁にぶつかると、くるりと振り返り、羽ばたきをし、さらに走りつづけたが、最後には倒れた。倒れたあとも、七面鳥の筋肉はぴくついていた（ラ・メトリ本人の観察）。子猫や子犬でも同様の現象が見られる。

一〇、サンゴ虫は、切断されたあとも動くだけでなく、一週間も経てば、切断された数だけの個体が再生産される。

中には現代の倫理的基準からは信じがたいような記述も含まれているが、ラ・メトリの意図は明確だろう。間違ってはいけないが、ラ・メトリはこれらの実例から何か一般的な結論を下そうとしているわけではない。比較的大きなものからごく小さな物質的部分まで、それらに特有の原動力で「自ら動く」実例を積み重ねることで、「人間は自動機械である」という自らの主張に読者を惹きつけ、説得しようと試みているのである。

ラ・メトリはキャッチーなフレーズを連発し、さらに読者に畳み掛ける。

「人体は自らゼンマイを巻く機械であり、永久運動の生きた見本である」

「脚が歩くための筋肉をもっているように、脳も考えるための筋肉をもっているのだ」

「魂は運動の原動力、ないし脳髄の中の感じる力をもった物質的な部分に過ぎず、これはまぎれもなく、機械全体の主要なゼンマイとみなすことができる」

ラ・メトリの議論は、厳密な意味では「論証」ではない。つまり、何らかの絶対確実な原理——経験によらずして知られるものであれば、なおよい——を前提として、そこから論理的に導き出される結論を読者に迫るようなスタイルではない。いわば「論より証拠」のスタイルであり、積み上げられた数多くの証拠を前にして、読者が自らラ・メトリの結論を（むろん、肯定的に）判断するように意図されているのである。

ラ・メトリによる唯物論宣言『人間機械論』は、次の言葉で結ばれている。

「さあ、われと思わん人は議論を戦わせるがいい！」

心身問題を「自然化」する

ラ・メトリの『人間機械論』を評価する際に、現代の哲学における〈自然化〉の流れを一緒に押さえておくと大変有用である。

〈自然化〉の流れとは何か。

現在では哲学の様々な分野で〈自然化〉の流れを見ることができるが、そのきっかけとなったのは、「自然化された認識論」と呼ばれる見解——「プロジェクト」と言ったほうが適切かもしれない——である。二〇世紀後半、アメリカの哲学者・論理学者ウィラード・ヴァン・オーマン・クワインが強力に推進したこの見解は、簡単にいえば、自然科学的な方法論を用いて認識論——「知識とは何か」を問う哲学の一分野——の研究を行うべきだ、というものである。われわれの知識を一種の「自然現象」とみなし、究極的には、知識に関する経験科学——物理学や生物学のような——の確立をめざす立場である、と言ってもよいだろう（ただし、研究者によってニュアンスの違いはある）。

これは伝統的な認識論の企てとはまったく異なるアプローチである。われわれは一章でデカルトの認識論的な企てについても簡単に触れた。なぜデカルトは、あれほど苦労してコギトを発見しなければならなかったのか。なぜデカルトは、（さらに苦労を重ねて）神の存在証明をしなければならなかったのか。それは、究極的には人間の全知識——自然科学・経験科学の知識はその一部である——が依拠すべき基礎としての知識は、絶対確実なものでなければならないとデカルトが考えたからである。特に（自然科学の知識を含む）経験的な知識はそうした基礎としては敬遠された。その心情は容易に理解することができる。明日には反例が見つかるかもしれない経験的な知識が、どうして全知識の基礎になりうるというのか。これは、古代の世界観をめぐる論争を彷彿とさせるシチュエーションである。古代人曰く、

「世界は平らな板のようなもので、ゾウの背中に乗っているのだ」
「そのゾウは何の上に乗っているのだ」
「そのゾウは、巨大なカメの上に乗っているのだ」
「そのカメは……」

われわれは不動の基礎を欲しているのだ。

ところが、現代の哲学者たちの多くは、こうした伝統的な認識論の企て——〈基礎づけ主義〉的なアプローチ——を放棄しつつある。それは、このような〈基礎づけ主義〉的なアプローチが絶対にうまくいかないと証明されたからではなく（そんな証明は不可能だ）、哲学者コミュニティの長年にわたる経験と勘により、〈基礎づけ主義〉的なアプローチには見込みがなさそうだ、と多くの哲学者たちが考えるようになった結果である。

こうした〈基礎づけ主義〉に対抗して現れたのが、〈自然化〉の流れである。この運動を推進する哲学者たちは、「絶対確実な知識を見つけるまでは認識論は不可能である」という伝統的な考え方はナンセンスであるとみなしている。仮にも認識論が可能であるとすれば、その方法はただひとつ、経験

科学的な方法論しかないではないか――これが〈自然化〉の流れに賛同する哲学者たちの考え方である。

ラ・メトリが『人間機械論』で見せた過激なまでの〈経験主義〉は、実に二世紀以上も時代を超えて、現代の〈自然化〉の流れと容易に合流しうるものである。もしラ・メトリが現代によみがえって、現代の哲学者たちと議論を交すなら、こう言うだろう。

「〈自然化〉だって？　何をいまさら。そんなの、当たり前じゃないか」

そして彼は、一八世紀以降、爆発的に進歩した〈神経〉生理学の知識をむさぼるように吸収し、かつて自分が書いた生理学に関する記述の誤りを喜んで訂正するだろう。

さよう、ラ・メトリの〈唯物論〉には絶対に越えられない時代的な制約があった。その最たるものは、「目的のあるものが目的のないものから生じうる」ということを説明しうる論理である。なぜ無目的な物質の運動が、水を吸い上げるのに適した植物の根や、水中で呼吸するのに適した魚のエラをつくりだすことができるのか。知れば知るほどよくできた生物の身体が、いかにして機械的な運動を繰り返すに過ぎない物質的世界に生じうるのか。こうした可能性を説明しえたときにはじめて、われわれは真の意味で、合目的的な運動を物質的運動の特殊なケースとして理解することができるのである。

だが、われわれは先を急ぎ過ぎたようである。それを可能にする革命的な論理の発明は、一九世紀まで待たねばならないからだ。これは、次章のテーマである。

一八世紀の偉大なる唯物論者ラ・メトリの晩年の物語を見て、本章を締めくくろう。

ラ・メトリの晩年

ラ・メトリの『人間機械論』は、当然のごとく、当時の言論界に一大センセーションを巻き起こした。特に宗教界に激しい憎悪の嵐を巻き起こし、間もなくラ・メトリの庇護者となるフリードリヒ大王の言葉を借りれば、「カルヴァン派も、カトリックも、ルーテル派も、自分たちが陣営を分けていることをすっかり忘れ、ひとりの哲学者を迫害するのに力を合わせて狂奔したのであった」。この作品はゲッティンゲン医科大学教授のハルレルに捧げた体裁になっているのだが、ハルレルはベルリン学士院会長モーペルチュイに公開状を送り、自分はラ・メトリなる男とは無関係であると必死になって弁解した。

結局ラ・メトリは、デカルトやスピノザをはじめ、数多くの先進的思想家たちを温かく受け入れてきたオランダからも追い出されてしまった。その後、ラ・メトリはオランダの国境を越え、プロイセンに亡命した。当時、プロイセンには啓蒙専制君主として知られるフリードリヒ大王が君臨しており、一七四八年二月七日、ポツダムに着いたラ・メトリは、同郷の先輩モーペルチュイの推挙のおかげで、王の侍読として迎え入れられたのであった。このとき、ラ・メトリ三八歳である。

学問と芸術をこよなく愛したフリードリヒ大王――ポツダムにある宮廷には、一八世紀最大の数学者レオンハルト・オイラーや、彼と並び称される最大の数学者ジョゼフ＝ルイ・ラグランジュ、バロック音楽最大の作曲家ヨハン・セバスティアン・バッハも出入りした――は、当時最大の唯物論者ラ・メトリの獲得をことのほか喜んだ（王は何でも「最大」がつくものを好んだ）。王はモーペルチュイに宛てた手紙の中で、こう述べている。

「ラ・メトリを手に入れたことは、われながら大手柄であったと喜んでいる。彼はおよそ人のもちうる限りの快活さと機知を具えているし、医師の敵でありながら、良医でもある。唯物論者ではあるが、少しも物質臭さがない」

ラ・メトリはフリードリヒ大王の侍読として、またときには、よき相談役、友人として、宮廷での生活を心から楽しんだようである。安定した生活の中でラ・メトリの批評精神はますますその鋭さを増し、医療風刺書『改宗した外科医』や『人間植物論』、『機械以上の人間』、『反セネカ論、別名、幸福論』、『享楽術』といった哲学書を次々と出版した。

晩年のラ・メトリは――偉大な古代唯物論者エピクロスと同じく――快楽主義の道徳に傾斜した。人間の幸福は、快楽の大きさと持続に依存する。性質の上では、下等な快楽と知的な快楽、短い快楽と永続的な快楽の間に区別はなく、まったく同じである。われわれ人間は単に肉体であるから、最高の知的快楽もまた、実質的に肉体的快楽である。つまり、あらゆる種類の快楽および幸福は、原則上同等に認められるべきなのである。

したがって、ラ・メトリによれば、教養ある人々は無知な人々とは違った種類の悦びをもっているだけであり、本質的にいえば、快楽および幸福は、教養ある人々にも無知な人々にも同様にやってくる。彼によればこれは、無知の中でも自らの幸福を感じ、「死ねば天国に行ける」と幻想的期待を抱く大衆の存在によって証明されているという。

逆に、反省的な思考は、快楽を高めることはあっても、快楽そのものを供給することはできない。ある人間は、生まれつきの性向のおかげで幸福だと感じているのに、他の人間は、富や名声を享受してはいるが、常に落ち着きがなく、短気で、嫉妬深く、自らの欲望の奴隷となっているために、不幸だと感じている。知識や理性は、しばしば幸福にとって無用であり、ときには有害ですらある。幸福の感覚性は、自然がすべての人に同じ権利と、同じ満足への欲求を与えて、「生きること」をすべての人にとって愉快なものにするための大いなる手段である――ラ・メトリはこう主張する。

ラ・メトリ道徳論の美質は、次のような彼の主張に集約されると私は思う。

「快楽は人間を陽気に、快活に、柔和にすることができるから、それ自体において社会の真実の絆である。しかるに、自己否定は性格を頑固に、不寛容に、非社交的にする」

実際ラ・メトリは、人に隠しだてをすることのない、陽気で気持ちのよい人物であった。フリードリヒ大王の宮廷に出入りした喜劇役者デゾルムの手紙には、「ラ・メトリの出席が陽気にしないような集まりはありませんでした」とか、「ラ・メトリは親切で、思いやりが深く、真面目で、立派な紳士、学識ある医者でした」と書かれている。もっとも、「遠慮が彼の唇の上にあることはまれでした」とも付け加えているのだが。

ラ・メトリ自身が「自分の考えていることを自由に語ったからといって、私が公序良俗の敵であるとか、好ましくない品行の持ち主であるなどと考えてもらっては困る」と時折ぼやいたように、彼は傲慢な人間でも、放蕩児でもなかった。野心的で強がりで、品行も（ヴォルテールによれば）模範的とは言いがたかったが、ユーモアのセンスにも事欠かず、つき合えば気持ちのよい、現世的生活を愛する好漢であった。そして何より、ラ・メトリは誰にも負けぬくらい学問に情熱を燃やし、医療による社会の改善を心から望んでいた。

だが皮肉なことに、彼の早すぎる死は、自らの快楽主義がもたらしたものであった。ある日ラ・メトリは、駐独フランス大使ティルコネルの病気を治したお礼として、大使の全快祝いの席に招かれた。ラ・メトリは、美食家にふさわしい食べ方を披露すべく、トリュフ入りの雉肉のパテをたらふく胃袋に詰め込んだ。腹ごなしに喜劇役者デゾルムとビリヤードに興じていると、突然苦しみ出し、卒倒した。おそらく、腸カタルから虫垂炎になり、さらに腹膜炎を併発したのだろう、と考えられている。

ベッドの中でラ・メトリは、同業者による治療を丁重に断り、自ら瀉血や温浴といった治療を試みた。しかし効果はなく、数日間猛烈に苦しんだ挙句、一七五一年一一月一一日、ついに帰らぬ人となった。四一年の短い人生であった。

『人間機械論』を訳した杉捷夫は、「かれは自己のからだを試験台として自己の主張する治療法を試みつつ、まことに科学者として、また唯物論者としてふさわしい死に方をしたのである」と述べているが、同感である。ラ・メトリもまた、過去の偉大な哲学者たちと同様、自らの思想を体現して生き、そして死んでいったのであった。

彼もまた偉大なる魂——唯物論者の彼にとってそれが何を意味するにせよ——の持ち主だったのである。

四章 ハクスリーと進化論
——随伴現象としての意識

一八世紀フランスで〈唯物論〉に傾斜した心身問題は、一九世紀イギリスで「進化論」という新しい思想の後押しを受け、その〈唯物論〉的な傾向にますます拍車をかけてゆく。その渦中にいた生物学者トマス・ヘンリー・ハクスリーの物語を通じて、現代でも有力な心身理論のひとつ、〈随伴現象説〉の誕生を確認することにしよう。

Thomas Henry Huxley

一八世紀フランスから一九世紀イギリスへ

物語は一八世紀中葉のフランスから一九世紀初頭のイギリスに飛ぶ。そこで、この間の思想史的な流れを大まかにつかんでおくことにしよう。

人類史上稀に見る、明るい「理性と啓蒙の時代」一八世紀――しかし実は〈経験主義〉の時代であったことは前章で触れた――が後世にもたらした影響は甚大であった。

まず、ニュートンやロックらの「知的革命」を背景にして、自然科学や政治思想などの分野に大きな発展があった。物理学がとうの昔に哲学から独立を果たしたのと同じように、他の様々な科学分野が自律的に発展し、専門分化してゆくのもこの頃からである（それは同時に、二〇世紀になってC・P・スノーが嘆くことになる「二つの文化」――自然科学と人文科学――の間の断絶が広がりはじめたことを意味する）。また、ディドロやルソーらの社会批判は、既存の体制や価値観を容赦なく批判し、これらを流動化させる力となった。

次に、一八世紀中葉のイギリスでいち早く「産業革命」が起こった。広大な海外植民地――原材料供給地および市場を兼ねていた――と機械化による生産力の向上を背景にしたこの「物質的革命」は、莫大な富をイギリスにもたらしたが、同時に労働者階級の成立や中流階級の成長といった社会構造の変化をもたらし、劣悪な環境における低賃金・長時間労働や児童労働、あるいは工業化に伴う環境（森林）破壊といった問題の温床にもなった。

そして一七八九年七月一四日、「フランス革命」が起こった。啓蒙思想運動の申し子であるこの革命は、しかし同時に、「理性と啓蒙の時代」に別れを告げる出来事でもあったのだろう。事実、この時期を前後して、「理性と啓蒙の時代」の矛盾と限界が次々と露呈してくるのである。

思想内部での亀裂は、早くも一八世紀半ば、〈経験主義〉の本場イギリスで生じていた。ロックにはじまるイギリス経験論は、バークリを経て、さらにヒュームによって極限まで推し進められたが、そこで〈経験主義〉の限界も露呈したのである。

とりわけヒュームの「因果律批判」は衝撃的であり、〈経験主義〉に内在する原理的困難を浮き彫りにした。彼によれば、われわれは原因と結果（因果関係）の間にあるとされる「結びつき」そのものを知覚することはできない。したがって因果関係とは、二つの対象や出来事がいつも接近していたり（例・ビリヤードでのボール同士の衝突）、引きつづき起こったり（例・稲光のあとには雷鳴がとどろく）することに基づいて形成される「心の習慣」に過ぎないのである。要するに、因果関係は「実在の側」――その意味するところが何であれ――に存在する関係ではない、というわけだ。

言うまでもなく、「因果律」は科学法則の根幹にある概念であり、それに対するヒュームの懐疑は、科学的認識の基礎をすら揺るがしかねないものであった。

この危機から認識論を救うべく立ち上がったのが、ドイツの哲学者イマヌエル・カントであった。彼は一七八一年、五七歳のときに『純粋理性批判』を出版し、彼の名を永久に哲学史に刻むことになる〈超越論的観念論〉という独創的なアイデアを展開した。これによって認識論は（とりあえず）窮地を脱出し、哲学者たちは仕事をつづけることができた。

だが結局、かつてのように野放図な〈経験（万能）主義〉に戻ることはできなかった。この意味でカントは、〈経験主義〉を救うと同時に、素朴な〈経験（万能）主義〉に引導を渡すことによって、図らずも「理性と啓蒙の時代」の総決算を行ったのである（カント哲学についてはこれ以上立ち入らないことにする）。

しかし、一般的な影響力の大きさという意味では、フランス革命そのものがもたらしたインパクトについて語らないわけにはいかないだろう。事実、フランス革命そのものの中で、「理性と啓蒙の時代」の矛盾と限界はすでに露呈していた。

断頭台の露と消えた無数の人々の中に、アントワーヌ＝ローラン・ド・ラヴォアジエがいた。当時、化学は錬金術から脱皮して急速に科学となりつつあったが、それは主としてラヴォアジエのおかげであった。「理性と啓蒙の時代」を代表するひとりと言ってもよい。徴税請負人であった彼は断頭台送りとなったが、科学への貢献を挙げて彼を擁護する声に対し、怒れる民衆は「共和国に科学はいらない」と叫んだのであった。

これが、「理性と啓蒙の時代」が最後に下した結論のひとつであった。

革命期および革命後の動乱——とりわけ、ロベスピエールによる恐怖政治やナポレオンの登場、失脚——に対する人々の感情は様々だったであろう。例えば、一八世紀的理性に対する反発から「理性が何だ、感情だ」とばかりに登場したロマン主義文学者たちの中には、はじめは革命の理念に賛同していたが、動乱において人間の醜悪かつ残忍な側面を次々と見せられ、次第に絶望していった者たちが多かった。

ここが大切である——そんなとき、人々の心はどう動くのか。

あらゆる原理や規律が崩れ去り、信じられるものが何もなくなったとき、人間は自分の心の内に潜るのである。「外」の現実に信じられるものが何もない以上、心の「内」にこもって真実を探すしかないのだ。唯一確実なものとしての「自我」を確認し、その内奥にある「感情」と「想像力」とによって真実を見つけだすしかないのである。

本章の舞台である一九世紀初頭のイギリスにおいても、多くのロマン主義文学者たちがそうした道を歩いた。彼らは、理性よりも感情に、技術よりも自然に、都会よりも田舎に、そして現在よりも過去や未来に重きを置いた。ある者は自己の内面を率直に吐露し、またある者は湖水地方の美しさを謳いあげた。中世ヨーロッパや遠い異国の物語に取材する者たちもいた。ワーズワース、コールリッジ、バイロン、シェリー、キーツ……彼らの作品にそうした流れを見ることができる。要するに彼らは、「ここではない、どこか」に真実を追い求めたのであった。

だが、人々はいつまでも自己の内面に浸っているわけにはいかなかった。特にイギリスでは、一八三七年からヴィクトリア女王による治世がはじまり、イギリス帝国は絶頂期を迎えることになる。対外的には植民地政策を推し進め、国内的には、一八三二年の第一次選挙法改正をはじめとして、改革、改革の連続であった。このような変革の時期にあって、イギリスの知識人たちは、社会に対して何かしらの態度をとることが求められたのである。

このような背景を念頭に置きながら、一九世紀イギリスを代表する生物学者・解剖学者にして、ダーウィン〈進化論〉の偉大な擁護者――ゆえに「ダーウィンのブルドッグ」と呼ばれた――ハクスリーの物語を見ることにしよう。

独学の人ハクスリー

トマス・ヘンリー・ハクスリーは、一八二五年五月四日、西ロンドンのイーリング——現在ではロンドンの一部だが、当時はまだ田舎の小村に過ぎなかった——で父ジョージ・ハクスリーと母レイチエルの間に生まれた。トマスは八人兄弟の下から二番目であったが、八番目の子供が幼くして亡くなったため、末っ子となった。そのため彼は、母親や姉たちに特に可愛がられた。

父ジョージは小学校の副校長をしていたが、「半公立」——実際にはほとんど私立——の学校であったため、収入はさほど多くなかったようである。貧乏ではなかったが、金持ちでもなかった——要するに、ハクスリー家はごく平凡な中流階級の家庭であった。

ハクスリーの子ども時代については、あまり知られていない。わかっているのは、彼が小学校に通ったのはわずか二年——八歳から一〇歳まで——の間であった、ということだ。彼は父親が副校長をしていた小学校に通っていたが、一八三四年、校長のニコラス博士が亡くなり、学校運営が傾いたのである。校長の子供たちが学校運営を継続しようとしたが、次第に生徒の数が減ってゆき、一八三五年、ついに廃校となった。

職を失った父ジョージは、彼の生まれ故郷コヴェントリーの町で銀行の支配人の地位を得ることができたが、依然として一家の家計は苦しかったようである。二人の娘は家計を助けるために学校の先生になった。

このような事情で、末っ子のハクスリーは、一〇歳から(あとで見るように)一六歳でロンドンに出るまでの六年間、学校教育を一切受けることができなかった。この間、彼はまったくの独学で知識を身につけた。

考えてみてほしい――家庭が貧しく、学校教育が受けられないとき、一〇歳そこそこの子どもに一体何ができるだろうか。

ハクスリー少年はまず、手当たり次第に本を読んだ。当時、イギリスの評論家・歴史家トーマス・カーライルの作品『衣装哲学』が広く知られており、ハクスリーもカーライルの作品なら何でもむさぼるように読み耽った。ハクスリーはカーライルの「お前は幸福になるためにこの世に遣わされたのではない。お前の責任を果たすために遣わされたのだ」という言葉に感激し、これを胸に刻み込んだ。「いつか立派な人間になって、自分が生きた足跡を残してやる」――ハクスリー少年はそう心に誓った。

尊敬するカーライルがドイツ哲学の影響を受けていると知ると、ハクスリーはドイツ語の勉強に取り掛かり、ゆくゆくはドイツ語の大家になろうと決心した。ハクスリーの友人がのちに語ったところによれば、数人の友達でピクニックに出かけたときも、ハクスリーはドイツ語の辞書を片時も離さなかったという。

ハクスリーはまた、スコットランドの哲学者ウィリアム・ハミルトンの著書『無制約者の哲学』を手に入れ、非常に熱心に読んだ。この著書の中でハミルトンは、人間の知識はすべて条件づけられたもの、すなわち、観察者の感覚に関係し、それによって支配されるものであると主張した。つまりハミルトンによれば、現象――感覚に与えられる印象――の「向こう側」にある実在については、われわれは何も知りえないのである。ハクスリーはハミルトンの哲学から、証拠のないものは信ずるに値しないという〈経験主義〉を学び、後年には「アグノスティシズム（不可知論）」――この名称はハクスリーの発明である――という哲学的見解をつくり上げた。

こうしてハクスリー少年は、ほとんど独学で、学校教育を受けられなかった分の知識を自ら埋め合わせていったのである。そんな少年が、やがて一九世紀イギリスで最も博識な人間のひとりとなったのだ（ハクスリーに匹敵する独学の人としては、ヴィクトリア朝を代表する小説家チャールズ・ディケンズがいる）。

医者をめざす

ハクスリーの少年時代の夢は技術者になることだったらしい。彼は、力強く正確に動く機械に心ひかれた。彼の機械論的なものの見方は、後年の動物学研究においてはっきりと表れている。それは、彼の心身思想においても同様である。

しかし、時がたっても、技術者への道は一向に見えてこなかった。ハクスリーが一四歳のとき、二人の義兄――ハクスリーの姉は二人とも医者と結婚していた――がハクスリーの面倒を見て、力を貸してくれた。義兄のひとりジョン・クックは、ハクスリーに医者になってはどうかと勧めてくれた。若いハクスリーは義兄の言葉に従った。

当時、医者になるための慣習では、医師の許で徒弟修業することが求められたので、クックがハクスリーを呼んで幾度か死体解剖に立ち合わせたのも自然の成り行きであった。しかし、丸裸の肉体が各部分に切り離されてゆく光景は、一四歳の少年にはあまりに刺激が強すぎた。ショックのあまりハクスリーは具合を悪くし、しばし寝込んでしまった。

因果関係は不明だが、このときからハクスリーは、生涯にわたって、しばしば断続的に憂鬱症と胃の消化不良に悩まされることになる。死体解剖の際に何らかの細菌に侵されたとか、死体解剖のストレスがトラウマになったとか、様々な説があるようだ。死体解剖はまったく関係なく、遺伝的なものだという説もある。

それはともかく、一八四一年、ついにハクスリーは医者になろうと決心した。一六歳になった彼はロンドンに上り、チャンドラーという人の徒弟となった。チャンドラーの許で薬学と植物学――当時の医学教育の初歩である――を学んだのち、今度は医師スコットの弟子となったが、スコットはハクスリーの姉リジーの夫であった。姉リジーはいつも弟のことを気にかけ、弟の能力と将来の成功を変わることなく信じていた。ハクスリーもこの姉が大好きであった。

スコットはロンドンの北部で開業していたが、ハクスリーはチェルシーで植物学の講義にも出なければならなかった。ハクスリーは遠い道のりを歩かねばならず、移動に時間をとられたが、このような不利な条件を跳ね返し、一八四二年に植物学で優等賞を獲得した。受賞の知らせが姉リジーの許に届いたとき、ハクスリーは姉に抱きしめられて、あやうく息が詰まるところであった。

一八四一年の秋、ハクスリーはチャリング・クロス病院の無料特待生に志願し、入学を許可された。入学するなり彼は猛烈な勢いで勉強に打ち込み、一八四三年には化学で賞を獲得した。彼は日記の中で「勉強が足りない」と自分を諌めているが、学友たちの印象は明らかにそれとは違っていた。

講義が終わって夕方になると、病院の中庭で雑談したり遊んだりするのが医学生たちの習慣であった。が、ハクスリーは研究室に残って一心に勉強した。顕微鏡を覗き込む彼の頭の影が、室内の明かりでぼうっと窓に映し出された。友人たちにはいつもの光景だったので、その姿はいつしか「頭と顕微鏡のお化け」と呼ばれるようになった。

一八四五年、二〇歳のハクスリーはロンドン大学で医学士試験を受け、解剖学と生理学で金メダルを得た。こうして彼は医師開業の資格を得たが、まだ年齢が足りず、外科手術をする資格は得られなかった。もっとも、その翌年に難なく合格することができた。

だが、この頃のハクスリーはよほどお金に困っていたようだ。一八四六年のはじめ、彼は生活費を稼ぐことのできる地位を熱心に探しまわっていた。そんな折、友人のひとりが、「海軍医務局長サー・ウィリアム・バーネットに、海軍軍医の地位を希望してみてはどうだろう」と勧めてくれた。ハクスリーは、見ず知らずの相手に仕事を求める手紙を出すことを少しためらったが、友人の勧めに従うことにした。すると数日後、ロンドンにあるサマセット・ハウスに訪ねてくるように、という丁寧な返事がきた。

ハクスリーが訪ねて行くと、サー・ウィリアム・バーネットがハクスリーの医学の履歴についていくつか質問をした。その後、採用資格試験を受けさせられたが、ハクスリーは苦もなくこの試験を通過した。こうして彼は、海軍病院付の医者となったのである。

その数カ月後、帝国軍艦ラトルスネーク号がニューギニア沿岸の探検に派遣される予定であることや、その艦の指揮官オーウェン・スタンリー大佐が、博物学の心得のある人間を軍医助手として連れて行きたがっていることなどが、ハクスリーの耳に入ってきた。

ハクスリーはこの機会に飛びついた。彼は自ら軍医として志願し、一八四六年一〇月に海軍省から正式に任命された。

二一歳の青年ハクスリーは、大きな夢を抱えて大洋に漕ぎだしたのであった。

ラトルスネーク号の周航

ラトルスネーク号での航海は、ハクスリーの生涯にとって二重に重要な出来事であった。第一にそれは、彼が博物学者として名を挙げるための基礎をつくり、第二に、彼を生涯の伴侶に出会わせた。

一八四六年一二月一一日、ラトルスネーク号はプリマス港を出帆し、一八四七年七月一六日、シドニーに着いた。ダーウィンがビーグル号でプリマスを出港したのは一八三一年一二月二七日であるから、ダーウィンに遅れること約一五年である（ダーウィンのほうが一六歳年長である）。もっともこの時点では、二人は互いの名前すら知らなかった。

スエズ運河が開通する前——運河完成は一八六九年——にハクスリーたちが辿った航路は、次のようなものであった。船はまず、北大西洋上・リスボン西南一〇〇〇キロにあるマデイラ諸島をめざし、次にリオ・デ・ジャネイロをめざした。その後は喜望峰を迂回し、東進してオーストラリアに達するのであった。

ラトルスネーク号は、一八四七年一月一三日、赤道を通過した。ここではじめて赤道を通過する新人船乗りたちは、海神ネプチューンを祝福し、海水に潜らされるという儀式を受けることになっていた。最初のうちはハクスリーも面白がってこの儀式を眺めていたが、次第に馬鹿げていると思うようになった。実際、儀式に参加した新人船乗りたちの多くが風邪をひき、そのうちのひとりは肋膜炎を起こして死んだ。

一八四七年一月二三日にラトルスネーク号はリオ・デ・ジャネイロに到着し、二月二日までそこに停泊した。ハクスリーにとってこの停泊はとりわけ重要であった。というのも、彼がのちに航海の成果として発表した論文の基礎となった研究は、ほぼすべてこの時期になされたものだからである。

ハクスリーの学術的な研究は、海を泳ぐ透明な生き物ヒドロ虫——一般には「クラゲ」と呼ばれる——という動物について行われた。この動物は体の組織がガラスのように透明なので、最小限の手入れをすれば容易に解剖することができるという利点があった。彼は一年かけてこの「クラゲ」についての論文を書き、発表するためにイギリス本国へ送った。この論文がのちに、彼の名声を高める上で大いに役立つことになる。

一八四七年七月一六日、ハクスリーはシドニーに到着した。ラトルスネーク号はその後、シドニーを根拠地として三航海したが、最初の航海がはじまったのは一〇月一六日である。ハクスリーたちは三カ月間休養し、羽を伸ばすことができた。

この休暇の間に、ハクスリーは生涯の伴侶となる人物と出会うのである。

婚約者ネッティ

帝国軍艦の乗組士官たちは、シドニー上流社交界で大歓迎された。ハクスリーもそこでシドニー在住の人たちと交わり、たくさんの友人をつくった。その中にファニングという実業家がいて、ハクスリーはしばしばファニングの家に遊びに行った。やがてファニングの家は、ハクスリーにとって第二の我が家のようになった。

ファニング夫人にはヘンリエッタ（「ネッティ」）・アン・ヒーソーンという妹がいて、一緒に住んでいた。このネッティとハクスリーが、「恥ずかしいくらい、少ししか会わなかった」と彼が述べるほどわずかな交際のあとに、お互いに激しく愛し合うようになったのである。当時ハクスリーは二一歳であり、ネッティも同い年であった。

だが、二人の結婚の見通しがつくには、少なくとも四年は必要であった。海軍の正軍医に任命されるには、あと四年はかかるだろうと見込まれていたからである。だが、実際に二人が結婚できたのは、それから八年後のことであった。シドニー停泊中に二人が一緒に過ごすことのできた時間は一年にも満たなかったが、二人は深く愛し合い、ハクスリーが帰国してからも、二人の愛情は少しも変わらなかった。

ハクスリーはネッティのどこに魅かれたのか――婚約の後はじめて母に送った手紙の中で、ハクスリーは婚約者のことを「金髪で青い目をした人」と書いているが、それにつづけて「ときには美しい人だと思うこともあるが、どうしてそう思うのかわからないときもある」と書いている。婚約者の紹介としては、奇妙なものだ。

ハクスリーの息子レオナルドがのちに述べているところによれば、ハクスリーはその少年時代と青年時代とを通じて、家族からの理解と共感を得られないのを深く悩んでいたそうである。家族のうちでハクスリーの大志を理解してくれたのはただひとり、大好きな姉リジーだけだったという。しかし、彼女はハクスリーが一四歳のときに結婚し、ロンドンに住むことになった。それ以降彼は、自分の殻に閉じこもるようになってしまったというのだ。

ネッティは、ハクスリーの「知的な共感」に対する要求を満たしてくれた。彼女は立派な教養を身につけた女性であり、しかもドイツ語――ハクスリーが少年時代に情熱を傾けた言語――を読むことができた。共通の知的趣味から二人は互いに共感を深め、その基礎の上に幸せな結婚生活を築くことができたのである（が、それはまだ先の話である）。

オーストラリア近辺での航海

ラトルスネーク号がオーストラリア近辺で行った最初の航海は短いもので、三カ月にも満たなかった。その目的は、オーストラリア本島とグレートバリアリーフ（大堡礁）の間の航路を測量調査することであった。インドからオーストラリアに航行する船舶が、この航路を多く利用するのである。

その後、主航海が二回、一八四八年と四九年の夏に行われた。航海は二回とも約九カ月にわたり、どちらもトレス海峡を通ってニューギニアの南部まで航行した。

これらの航海においては、ハクスリーは黙々と医者としての自分の仕事をこなしていた。グレートバリアリーフは、様々な科に属する、見た目にも美しい動物性植物に満ちているが、ハクスリーの「学術研究集成」に収録されている論文のいずれにも、それらに関する記述はない。おそらく研究器具が貧弱すぎて、中途半端に研究しても成果が上がらないと判断したのだろう。だが、リオ・デ・ジャネイロ湾で作成した「クラゲ」の標本をもとに、寸暇を見つけてはコツコツと自分の研究に打ち込んでいた。

家族や友人に宛てた手紙には、航海に関する不平や不満をたくさん並べている。暑さが耐えられないことや、船内があらゆる種類の虫——特にゴキブリ——だらけで困っていることなどであった。だが一番困ったのは、同僚の士官たちがハクスリーの学問的な目的に全然理解を示してくれないことであった。あるときなどは、完成しかけた解剖をそのままにしてハクスリーが少し席をはずすと、それが「汚物」として海中に投げ捨てられていることもあった。

第二回目の航海のときには、ハクスリーと他の三人がニューギニアのとある島に上陸し、四〇人ばかりの先住民と会談した。ハクスリーたちは懐のピストルを常に意識していたが、先住民たちと友好関係を結ぶのに成功し、山芋四〇本との交換で、酋長に斧を一本与えた。この贈り物が気に入ったのか、酋長はハクスリーに抱きついて踊りまわった。

ハクスリーはこの機会を捉えて酋長にお願いし、先住民の女性たちに会わせてもらった。ハクスリーは先住民たちの身体的特徴に関心があり、ぜひ記録しておきたかったのである。彼女たちを描いたハクスリーの美しいスケッチがいまも残っている。

通訳を介して先住民たちがハクスリーに説明したところでは、彼らはハクスリーたちを自分たちの祖先の霊の再来であると考えたようだ。このような出来事が、やがて彼の人類学に対する興味につながっていったようである。

帰国の途

この二回目の航海のあと、ハクスリーはシドニーで三カ月の休暇を楽しんだ。

久々に再会したネッティと幸せな時間を過ごしたハクスリーであったが、ふとしたときに将来のことを思うと、憂鬱になるのであった。

――俺は、ちゃんとした正規の職に就くことができるだろうか。

――八カ月前にロンドンに送った論文、あれはどうなっただろうか。

こうした不安がどしどし押し寄せ、前途は心もとなかった。さらに、この先待ちうける恋人とのしばしの別れを思うと、ハクスリーは心細くなるのであった。

転機は急に訪れた。このシドニー滞在中に、ラトルスネーク号の指揮官スタンリー大佐があっさり死んだのである。その先の航海予定はすべて取りやめとなった。大佐の後任にユール大佐が任命され、ラトルスネーク号は一八五〇年五月、イギリスへ向けて出帆した。帰りの航路は、太平洋を横断して東に進み、南アメリカの最南端ホーン岬を迂回して進路を北に向け、南大西洋を進んでゆくのである。途中、ハクスリーは停泊の機会を捉えては、愛するネッティに手紙を書いた。一カ月もあれば彼女の許に届くだろうと期待して。

ハクスリー二五歳、希望と不安を抱えての帰国であった。

職探しに奔走

ハクスリーたちが帰国したのは、一八五〇年一一月九日であった。ラトルスネーク号はその使命を終え、お払い箱となった。

船を降りたハクスリーは、なお海軍の期限つき使用人に過ぎなかった。彼は名義上では、帝国軍艦フィスガード号の所属となっており（俸給簿に記載されている）、いつまた航海に引きずり出されないとも限らなかった。

帰国後ハクスリーは、いくつかのうれしい知らせを聞いた。中でも、友人エドワード・フォーブズ――彼はイギリス海洋生物学における草分け的人物である――がハクスリーのメデューサ（「クラゲ」）に関する論文を無事受けとったばかりでなく、それを王立協会に提出してくれていたことは、ハクスリーを喜ばせた。王立協会はこの論文（「メデューサの解剖学と類似について」）を受理し、一八四九年――ハクスリーはまだ航海中であった――学術雑誌『フィロソフィカル・トランザクションズ』に掲載した。この論文は専門家からも絶賛され、ハクスリーは前途有望な博物学者として知られるようになったのである。

ハクスリーの学問的名声は瞬く間に確立されていった。一八五一年、彼は二六歳の若さで王立協会会員に選ばれるという栄誉に浴し、さらに一八五二年、二番目の論文によってフォーブズ・メダルを獲得した（彼が姉リジーに知らせたところによれば、このメダルは五〇ポンド分の純金を含んでいたのだが、たまたま兄ジョージが急逝し、その借金を返済するために売り払ってしまった）。また、一八五三年には王立協会理事のひとりに選ばれ、二年間その地位に就くことができた。

学問的な名声は高まっていたが、ハクスリーの地位は依然として不安定な「期限つき」のものであった。さらに彼は、航海からもち帰った大量の草稿を公にする金をどうやって工面するか、という問題に直面していた。勤め先の海軍省は、この目的のために金を出すつもりは一切ないと断言したし、頼りの王立協会は——ハクスリーの置かれた厳しい状況に同情はしてくれたが——ハクスリーは政府の使用人なのだから、政府がその出版費用を負担すべきだ、と主張した。まさに、にっちもさっちもいかない状況であった。

そんな中、ハクスリーを大きな悲しみが襲った。一八五二年、母レイチェルが他界したのである。学問上の栄誉には事欠かなかったが、ハクスリーの心は悲しみでふさいでいた。彼が最後に母に会ったとき、彼女は見たところ健康そうであったが、大して値打ちのない自分の持ち物を子供たちに分けてやるといってきかなかった。母は自分の死期が近いのを悟っていたのかもしれない。危篤の知らせを聞きつけ、ハクスリーが駆け付けたときにはすべてが終わっていた。ハクスリーは悲嘆にくれた。

姉リジーはアメリカにいた。婚約者ネッティは地球の反対側にいた——愛する者たちと遠く離れて、ハクスリーはこの上ない孤独感を感じていた。

それでもハクスリーは自分の心に気合を入れて、職探しに走り回った。ちょうどその頃、トロントで植物学のポストがひとつ空席になったのを耳にした。彼はすかさずこの地位に志願した。自分のこれまでの学問的な業績を考えれば、選ばれるのは確実だと思っていた。彼がこの頃ネッティに送った手紙には、彼が描いた絵が添えられていた——カナダに移住し、可愛らしい二人の子供がいる、ハクスリーとネッティの幸せそうな姿。何か急ぎの用事でもあるのだろうか、妻が学問に没頭する夫の注意を引こうと無駄骨を折っている——そんな光景を描いた絵である。

だが、現実はそんなに甘くはなかった。そのポストは、カナダのとある有力な政治家の親戚に与えられてしまったのである。このときハクスリーは、こうした事柄には、実績や実力よりも顔や名前がものを言うことを知ったのであった。

その後もハクスリーは立てつづけにポストの獲得に失敗し、海軍から与えられた休暇も終わりに近づきつつあった。このままではまた船に乗る義務を負うことになりそうだった。ハクスリーは、学問的な地位によって身を立てるという夢をあきらめかけていた。この頃彼は、手紙の中で「イギリスでは実用に役立つことでなければ、全部ダメである。学者は晩餐会には招待されるが、馬車代を払うだけの給料ももらえない」とぼやいている。

ネッティを待たせているという思いも、ハクスリーを苦しめた。まったく結婚どころではなかった。かなり追い詰められていたのだろう、「最後の手段として、シドニーに移住して百姓でもやろう」という、学者にありがちな子どもじみた考えを抱くようになっていた。こうした苦しい胸の内を、彼はネッティへの手紙に書きつづった。

一八五三年一一月にネッティから手紙が届いた。それは力強い激励とハクスリーの将来に対する信念にあふれたものであり、学問の道を捨てないようにと彼を励ますものであった。どうやらネッティのほうが肝が据わっていたようである。

ハクスリーの心に、逆境を跳ね返す不屈の闘志がよみがえってきた。

就職と結婚

腹を決めたためか、ハクスリーの人生はここから急に上向いてゆく。

海軍からの休暇が終わりに近づいたとき、彼は当然の権利であるかのように、経済的な援助と休暇の延長とを申し出た。言ってみるもので、金は断られたが、休暇の六カ月延長は許可された。しかし、「これが最後の恩典である」ともはっきり告げられた。

にもかかわらず、ハクスリーは強気の態度を崩さなかった。一八五四年一月、帝国軍艦イラストリアス号に乗り組むように命令されたとき、彼はこの命令の取消しと、さらなる休暇の延長を願い出た。さすがの海軍省もこれには納得せず、いますぐ船に乗らなければ、ハクスリーの名は海軍軍籍名簿から抹消されるであろう、と告げた。

ここでハクスリーは一大決心をした。一八五四年三月、彼は海軍省に対し、自分の名前が海軍軍籍名簿から除かれてもよいと告げたのである。そして、将来現れるかもしれない幸運にすべてをかけたのであった。

幸運の女神はこういう人間に微笑みかけるのかもしれない。王立協会は、ハクスリーはもはや政府の使用人ではなくなったのだから、彼の出版費用を援助することに異論はない、と結論した。協会は彼に三〇〇ポンド支給した。

幸運はさらにつづく。一八五四年六月に友人エドワード・フォーブズがエディンバラで博物学のポストを得たのだが、そのため直ちにロンドンを去らねばならなくなった。そこで、王立鉱山学校における自分の講義の代理をハクスリーに頼んだのである。これは臨時の地位であったが、七月には貿易局長の任命によって正規の地位となった。こうしてハクスリーは、いまや年額二〇〇ポンドの定収入をもつようになったのである（このあとフォーブズが就任五カ月にして突然死んでしまい、エディンバラからの引き抜きを恐れた王立鉱山学校は、ハクスリーの俸給を二倍にした)。

こうなると勢いは止まらない。自然界で見られる無数の現象と同様、金と仕事、知名度は指数関数的に増大するのである(つまり、「富める者はますます富み」の原理である)。一八五五年三月、ハクスリーは地質調査所の博物学者に任命され、初任給二〇〇ポンドを与えられた。同月にはセント・ジョージ病院の比較解剖学の講師となり、さらに九月には、マールボロ館の科学工芸部で講義をするように頼まれた。彼はいまや結婚してもよいほど収入があった。ハクスリー三〇歳、充実の年である。

さらにうれしいことに、ネッティの両親がイギリスに帰国することになり、当然ネッティもついてくることになった。ハクスリーはロンドンに盤石の生活基盤を整え、愛する婚約者の到着を指折り待つばかりとなった。ハクスリーの優れた伝記『T. H. ハックスリ』――本章はこの書に負っている――を著したE・W・マクブライドの言葉を借りるなら、「彼の生涯はいまや穏やかな航路に入っていった」のであり、ハクスリー本人の表現では「一生の航海のうちで、すでにホーン岬を回ってしまった」のである。

一八五五年五月、ネッティとその両親がロンドンに到着した。二人の結婚は七月二一日に行われ、ささやかな宴ではあったが、古くからの友人たちに心から祝福された。シドニーで二人が出会ってから、実に八年もの歳月が流れていた。新婚旅行はテンビーで過ごし、ハクスリーは抜け目なくその一部を地質調査にあてて楽しんだ。

二人の結婚生活は終生変わらぬ幸せなものであったが、ひとつだけ、若い夫婦を襲った悲劇について記しておこう。

一八五七年一月一日の朝、長男ノエルが生まれた。ハクスリーもネッティも、はじめての子供に夢中であった。歩いたりおしゃべりをしたりするようになると、父親の可愛い遊び相手となった。ところが一八六〇年、その子が猩紅熱で二日患っただけでこの世を去ってしまう。母親はすっかり力を失い、ハクスリーも深い悲しみに打ちひしがれた。

多くの友人たちが二人を慰めようと声をかけたり、手紙を書いたりした。ハクスリーはそれらに応えて、生と死に関する自分の考えは遅々として発展しないから、そう簡単には変わらないだろう、と言っている。彼は「不可知論」の名付け親にふさわしく、霊魂不滅を肯定も否定もしない。彼は、人間がひとつの大きな幸せを失ったからといって、自らの使命を忘れてただの動物になり果ててしまうことを諫めている。彼はこう付け加えた。

「私が他の人々の一生を詳しく知るにつれて、ますます明らかになったことがあります。それは、悪しき者は栄えず、正しき者は罰せられない、ということです」

ダーウィンとの出会い

ハクスリーは一八五五年頃に得た地位に三〇年間——一八八五年に病気で退くまで——留まり、安定した環境の中で膨大な量の研究、執筆、講演、教育活動に身を捧げた。だが、もし彼がこれらの仕事に貢献しただけであったならば、彼の名は動物学の専門的な文献にひっそりその姿を留めるだけで、時とともに大衆の間からは忘れ去られていたであろう。

ダーウィン〈進化論〉の擁護とその普及活動——これこそがハクスリーの名を科学史上でひときわ

輝かせているものに他ならない。現在の学術的な見地からすれば、その内容や目的に対しては様々な評価が下されようが、〈進化論〉の普及におけるハクスリーの手腕は見事なものであり、それが驚くほど成功したことは事実である。ハクスリーの論敵たちでさえ、彼の見解が真実であると認めていた。

だが、ダーウィンと知り合う前のハクスリーは、「進化」という考え方に対してはむしろ懐疑的であった。ハクスリーもまた当時の博物学者たちの例にもれず、種の起源について深く思いを巡らし、例えばフランスの博物学者ジャン＝バティスト・ラマルク——近代的な意味での「進化」の最初の提唱者——の『動物哲学』（一八〇九年）を熱心に読んだが、証拠が不十分であるという理由で納得していなかった。

ハクスリーがダーウィンと知り合ったのは、一八五五年頃のことである。ダーウィンを訪ねて、しばしばロンドン郊外のダウンまで足を運んでいる（ダーウィンはビーグル号の航海から戻って以来体調がすぐれず、結婚してすぐに——一八四二年九月から——ダウンに移り住み、一八八二年四月、七三歳で死ぬまでそこで暮らした）。ダーウィンの革命的な思想を知り、ハクスリーはこんなふうに叫んだという。

「こんなことが思いつかなかったなんて、俺はなんてマヌケなんだ！」

知の歴史はこのような「叫び」に満ちている。どういうわけか、同じ時代に別の人々が似たような考えを思いつき、互いに知らぬところで「先取権争い」をしているものなのだ。

ダーウィンの記念碑的著作『種の起源』は一八五九年に出版された（初版一二五〇部はその日のうちに売り切れ、六週間後に再版が出た）。当時、『ロンドン・タイムズ』が書評を載せようとしたところ、いつも書評を担当していた評論家が病気だったので、たまたまハクスリーにお鉢が回ってきた。もちろん彼は『種の起源』を絶賛し、その後も自ら「ダーウィンのブルドッグ」を名乗り、病気がちで大の論争嫌いだった盟友ダーウィンの味方をすべく奮闘した。

そんなハクスリーの、科学史上に残る伝説の討論をハイライトで見てみよう。

伝説の討論

ハクスリーの好意的な書評にもかかわらず、『種の起源』には猛烈な反対論も多かった。その急先鋒に立ったのが、イギリスの比較解剖学者・古生物学者リチャード・オーウェン――彼は「恐竜」という言葉をつくったことでも有名――である。オーウェンはなかなか喰えない人物で、教会勢力を取り込み、その力を頼んで〈進化論〉を叩きつぶそうとした。それが有名なオックスフォードでの討論に発展するのである。

一八六〇年六月、オックスフォードで開かれた学会で、ハクスリーとオーウェンは対峙した。最初にオーウェンは、ゴリラと人間の脳の違いは、ゴリラと下等なサルの脳の違いよりも大きい、と講演を行った。これに対しハクスリーは、それはまったく逆で、ゴリラと人間の間のほうが違いは少ない、と反論した。しばらく激しい議論の応酬がつづいたが、ハクスリーが「そのうち詳しい証拠をお目にかけましょう」と約束し、この場は収まった。

次に登場したのは、オックスフォードの監督サミュエル・ウィルバーフォースであった。ウィルバーフォースもまたダーウィンの〈進化論〉に反対し、オーウェンとともに批判の論陣を張っていたのである。いつの間にか、「ダーウィン＝ハクスリー」対「オーウェン＝ウィルバーフォース」の構図ができ上がっていたのだ。

ウィルバーフォースは〈進化論〉反対の演説をぶち、その支持者たちに軽蔑的な口調で攻撃を加えたあと、ハクスリーに向かって冷やかに言いはなった。

「ハクスリー君、きみは自分の祖先がサルだと言っているそうだが、それはきみの父方の血筋かね？　それとも母方のほうかね？　ひとつ訊かせてもらえるとありがたい」

会場のあちこちから笑い声が漏れ、ハクスリーを冷やかす声が聞こえた。ハクスリーは腕組みをしたままじっとしていたが、やがておもむろに演壇に上り、発言した。

「私の祖先が哀れなサルか、それとも――」

ハクスリーはウィルバーフォースのほうを向いた。

「――立派な才能に恵まれ、世の中に対して大きな影響力をもちながら、それを利用して科学的な討論を茶化したり、真面目に真理を探究している人々を馬鹿にしたりするような人間か、そのどちらかを選ばねばならないのだとしたら……」

ハクスリーは会場全体をゆっくりと見渡して、言った。

「私は喜んでサルを祖先に選びたいと思います」

会場は一瞬しんと静まり返り、やがて割れんばかりの歓声が会場を覆った。ハクスリーに称賛の声が浴びせられ、ウィルバーフォースはすごすごと引き下がった。

この討論の模様は新聞でそっくりそのまま報じられたので、これ以上ないほど効果的な〈進化論〉

の宣伝となった。それまで学者以外の人たちにはほとんど知られていなかったハクスリーであるが（『ロンドン・タイムズ』に「ハクスリー氏という人」などと書かれる程度の知名度だった）、この討論によって一躍時の人となり、それ以後〈進化論〉の普及に指導的な役割を果たすことになるのである。

この有名な討論は、〈進化論〉の一般大衆への普及といった観点だけでなく、思想的にも極めて重要な意味合いをもっている。

注意しておきたいのは、ダーウィンが『種の起源』において、人間に関する事柄を一切除いていた、ということである。ただ最後に、「いずれ人類の起源とその歴史についても、光がさすことだろう」とほのめかしただけであった。しかし、誰でも容易に気づくように、ダーウィンの思想が人間にも適用できるものであることは明白である。実際、『種の起源』が出版されてすぐに、「〈進化論〉によると、われわれ人間はアダムとイヴの子孫ではなく、サルの子孫だそうだ」といった噂が広まり、人々の心をいたずらに刺激した。

オックスフォードでの討論の翌年、ハクスリーは「自然における人間の位置」と題する講演を行った。この講演の中で彼は、ダーウィンの〈進化論〉を人間にも適用し、人間が地球上に出現したのは――他の動物と同じように――自然の原因によるものである（神や奇跡によるものではない）、と主張した。この講演は一八六三年に出版され、彼の最も有名な作品になった。この作品は版を重ね、ヨーロッパ各国語に翻訳された。ドイツの医学者ルドルフ・ウィルヒョーは、「ハクスリーがこの本以外に何も書かなかったとしても、彼は科学者たちから永遠の感謝を勝ち得たことだろう」と評した。

さて、ここから少し理論的な話になる。われわれはまず、〈進化論〉の基本的なロジックを確認し、その思想的なインパクトについて考えたい。そのあとでハクスリーの心身理論――〈随伴現象説〉と呼ばれる――を見ることにしよう。

進化論の基本ロジック

まずはごく簡単に、ダーウィン〈進化論〉の基本的なロジックを確認しよう。

それには、ダーウィン自身が辿った道、つまり、〈人為選択〉と〈自然選択〉を比較するのが一番の近道である。

はるか昔から、人類は飼育動物や栽培植物の品種改良を行ってきた。おそらくは無自覚のうちに、品質のよい家畜や穀物、野菜を選択し、それらを優先的に育ててきたのだろう。例えば馬は、もともと人間を長くは乗せられないほど小さかったらしい。北方の遊牧民が改良を重ね、ヨーロッパに出現したときは、その大きさに誰もが驚いたという。

ビーグル号での航海を経て、「種は変化する」という不動の確信を得ていたダーウィンは、おそらく自然界における動植物の種の変化も、〈選択〉によってもたらされるに違いないと考えた。しかし、自然界においてどのように〈選択〉が働いているのか――そこがいまひとつ、ダーウィンにはピンとこなかった。

ある日、ダーウィンは気晴らしに経済学者トマス・ロバート・マルサスの『人口論』を読んでいた。その中で「人口は幾何級数的（1、2、4、8、16……）に増えるのに対し、食糧は算術級数的（1、2、3、4、5……）にしか増えないので、その差によって人口過剰（貧困）が生じる」というマルサスの有名な説を目にし、ダーウィンはひらめいた。

——これこそが、生物界の一般法則なのだ。

つまり、残酷な話だが、自然界には生まれてくる生物をすべて生かすだけの余裕がないのである。そこには必然的に、生き残るものと、あっさり死んでしまうものとが出てくる。マンボウのメスは一度に三億個もの卵を産むと言われているが、そのほとんどは他の動物に食べられてしまい、無事成長できるのはごくわずかである。さもないと、海がマンボウだらけになるであろう。

こうしてダーウィンは〈自然選択〉という考えに到達したのである。わかりやすくするために、〈人為選択〉と〈自然選択〉を比較しながら、「ホップ・ステップ・ジャンプ」で説明しよう。まずは〈人為選択〉である。

ホップ——飼育動物や栽培植物を育成しているうちに、様々な「変異」が生じる。

ステップ——この様々な変異の中から、人間にとって都合のよいものを選択し、都合の悪いものを捨てる。

ジャンプ——選択されたものが、その変異をそのまま子孫に伝える（＝遺伝）。

これとまったくパラレルに〈自然選択〉を考えてみよう。

ホップ——自然界で繁殖が繰り返されているうちに、様々な変異が生じる。

ステップ——この様々な変異の中から、環境にうまく適応できたものが生き残り、適応できなかったものは、死ぬ。

ジャンプ——こうして生き残ったものが、その変異をそのまま子孫に伝える（＝遺伝）。

このように比較すると、ホップとジャンプはどちらもほとんど同じであることがわかる（ホップとジャンプが「ループ」をなしている点にも注目したい）。違うのは、〈人為選択〉において人間が果たす役割を、〈自然選択〉においては「環境」が果たしている点である。

いたってシンプルなロジックである。しかしこれこそが、〈唯物論〉哲学者たちにとってのどから手が出るほど欲しかったロジックなのである。それは、古代のデモクリトスにも近代のラ・メトリにも等しく欠けているものであった。

進化論の思想的インパクト

現代的な教育を受けたわれわれは、「進化」が起きたことは自明であると考えがちである。第一にそれは教科書に載っており、子どもの頃から叩き込まれる「常識」である。第二に、われわれは他の対抗理論を知らない。

したがってわれわれが、「神が万物を創造した」と信じる一九世紀イギリスの「常識人」たちが、はじめて〈進化論〉に触れたときの感情を想像するのは難しい。例えばハクスリーが子どもの頃受けた宗教教育の前提を考えてみよう。聖書は旧約、新約ともに「公理」の束とみなされていて、そこから様々な「真理」が論理的に演繹されていた。それらの「公理」は超自然的な方法で人類に啓示されたものであり、わざわざ疑うのもおこがましいほどの「絶対的真理」であった。「神が万物を創造した」のは自明の「公理」であり、ダーウィンでさえ、ビーグル号周航に出るまではみじんも疑っていなかった。

その「公理」や「絶対的真理」が、一部かもしれないが突き崩された――これはまさにセンセーショナルな事件である。

だが、ここまではまだキリスト教内部の話に過ぎないとみなすこともできる。それ以外の文化圏の人間には、さしてインパクトのある話ではないのではないか。

そうではない。はっきりいって、ダーウィン〈進化論〉は恐ろしく異様な考え方なのだ。

ダーウィン〈進化論〉には大きく二つの主張が含まれている。ひとつは、「進化が起きた」という〈進化の〉事実にかかわるものであり、もうひとつは、〈自然選択〉という〈進化の〉ロジックにかかわるものである。とりわけ、進化の事実にではなく、そのロジックに注目するとき、ダーウィン〈進化論〉の異様さは際立つ。

例えばあなたが、何か思うところがあって近所の裏山を発掘調査し、平べったい星型の糸巻きのようなものに、色も種類もてんでばらばらの糸くずがつなぎ合わさった謎の物体を発見したとする。よく見ると星型の中央からは小さな棒がつき出ていて、これと直角に棒がもう一本付いている――ピクリとも動かない、実に奇妙な物体である。

このとき、あなたの脳裏によぎる疑問は、十中八九こうである。

「一体誰が、こんな奇妙なものをつくったのだろう?」

これが「自然な」考え方である。あなたはけっして、こうは考えないはずだ。

「一体どうやって、こんなものができたんだろうか?」

われわれは、いわば「第二の本能」として、無秩序なものと秩序あるものを区別・峻別する「直観」

をもっている。おそらくは、目の前の物体が示す何らかの規則性やパターンに基づいて判断しているのだろう。平たくいえば、「よくできているもの」に遭遇すると、われわれはその「作者」、「デザイナー」の存在を感じとるのだ。

この直観は、生物のからだの仕組みや構造に関する〈目的論〉的思考——生物の器官は何らかの目的（例・眼は見るための器官である）をもっている、あるいは、そうした目的のためにつくられるという考え方——のふるさとである。

生き物のからだは、見れば見るほどよくできている。こんなに複雑で秩序正しく、かつ美しいものが何の目的も方向性もなく、ただの偶然から生じるなんて、ばかげた発想ではなかろうか。それはあたかも、サルがめちゃくちゃにタイプライターを打っているだけで、シェイクスピアのソネットができ上がると主張するようなものだ。

ダーウィン〈進化論〉は、ある意味では、しかるべき選択圧と気の遠くなるような時間、試行回数さえあれば、「そういうことも起こりうる」という発想である。つまり、生き物のからだがいかに複雑で秩序正しいからといって、そこに何らかの目的や方向性を仮定する必要はないし、ましてや「作者」や「デザイナー」の存在を仮定する必要もまったくない。偶然に生じた変異が、〈自然選択〉のロジックに基づいて、次世代に受け継がれてゆく……その機械的、無目的、オートマチックな反復としての進化プロセスが、いま現在地球上に存在するすべての種をつくったのだ——ダーウィン〈進化論〉はそう主張する。

したがって、ダーウィン〈進化論〉は、ガリレイやデカルト、ニュートンらが力学から〈目的論〉

的思考を完全に追放し、「目的論的自然観」から「機械論的自然観」への移行を力強く推し進めたように、生物学から〈目的論〉的思考を排除し、生命現象を「機械論的自然観」の中に位置づける上で重要な第一歩となったのである（ただし、ダーウィンらの時代には、遺伝のメカニズムや物質的基礎については知られていなかったので――それは二〇世紀まで待たねばならない――最初の、しかし巨大な一歩といったところである）。

ダーウィン〈進化論〉についてはこのくらいにしておこう。ただし、最後にひとつだけ注意しておきたい。ここで解説した〈進化論〉の基本ロジックは、むろん、現在でも通用するものであり、スタンダードであると言ってもよいが、〈進化論〉の細部については様々な見解や異論が存在する。現にハクスリー自身、進化が〈自然選択〉のみによって生じるという見解には懐疑的であり、友人ダーウィンに「自然選択の証拠が必要だ」と迫った（ダーウィンは「きみの言うそんな証拠は、現実的には不可能だ」と言った）。

このようなハクスリーの「健全な」懐疑論は、彼の心身思想の微妙な点を理解する上で重要なキーとなるのである。

随伴現象説

一八六八年一一月、ハクスリーはエディンバラを訪れ、「生命の物質的基礎について」と題する日曜夜間講演を三度行った。

ハクスリーは、人間を含め、すべての動植物の生命の根底にあるのは原形質という物質であると主張し、食塩や塩酸などが入った薬瓶を聴衆に見せて、これらが原形質をつくるのに必要なすべてであると教えた。彼はさらに、生命現象のすべては、人間の思考や願望も含めて、その身体をつくり上げている原子と分子の化学的作用の現れである、と言った。この考えは、ハクスリーがダーウィン〈進化論〉から引き出した究極の結論であり、彼の心身理論の基礎になるものであった。

一八七四年、ハクスリーはベルファストで開催された学会に参加し、その動物学部会で「動物が機械であるという仮説について、およびその学説の歴史」と題する論文を読んだ。この論文で彼は「動物は互いに作用しあう部分から成る機械に過ぎない」というデカルトの仮説を支持し、それは例えば、「狼の身体から反射した光線が羊の目にぶつかると、羊が自動的に逃避の行動を示す」といった理論なのだ、と解説した。

そしてハクスリーは「脊髄ガエル」の実験——断頭したカエルを吊り下げておき、塩酸を染み込ませた濾紙の小片で背部に触れると、驚くほどの正確さで蹴り返してくる——を例に挙げ、もしこのような知能的行動が意識の助けなしに生じるとすれば、脳が存在するときに同様の行動が行われても、それが意識のおかげであると結論すべき理由はない、と論じた。さらに彼はこう述べている。

「われわれの意識状態のすべてが、脳の分子的変化によって生じる、というのはまったく正しい。動物と同様、人間においても、意識が生物内部の物質的な運動に変化をもたらす原因である、とみなす証拠はないと思われる。

このような見解が十分に基礎を得た暁には、次のことが帰結するであろう。われわれの精神状態は、生物内部で自動的に生じている変化についての、意識の中での単なる記号に過ぎないのだ。

極端にまで推し進めれば、次のことも帰結するであろう。われわれが意志と呼ぶ感覚は自発的行為の原因ではなく、行為の直接の原因である脳状態についての記号なのである。

われわれは、自由意志を授けられた意識ある自動機械なのだ」

脳（身体）と精神の間の関係を、ハクスリーは機関車と汽笛の間の関係にたとえている。脳を機関車にたとえると、精神（状態）とは、機関車の働きに「おまけ」として付随するだけの汽笛のようなものである。機関車の働きによって汽笛が鳴るわけだが、逆に汽笛が機関車の働きに影響を与えることはない。つまり、因果作用は常に一方通行であり、汽笛（精神）が機関車（身体・脳）に影響を及ぼすことはないのである。

このように、「脳から精神への因果作用は認めるが、その逆の精神から脳への因果作用を認めない」という考えを〈随伴現象説〉という。

ハクスリーの同時代人たちは、この説は――精神と身体という〈二元論〉的な語り方をしているが――〈唯物論〉の一種であると考えた（ハクスリー自身、自分は「唯物論者」、「決定論者」などと非難されるだろう、と覚悟していた）。実際、〈随伴現象説〉の主張を額面通りに受け取るならば、精神活動はこの宇宙の物質的活動に一切影響を及ぼすことができないばかりか、精神は身体（脳）の死滅とともに活動を停止してしまうはずである。これは紛れもなく〈唯物論〉ではないだろうか。

だがハクスリーは、自分自身が「唯物論者」であるとは考えていなかった（「決定論者」や「無神論者」であるとも考えていなかった）。それどころか彼は、〈唯物論〉は「重大な哲学的誤謬」を含んでいて、到底承認できるものではないとさえ主張した。

そもそも、われわれは「物質」ということで何を知っているのか。「精神」ということで何を知っているのか――ハクスリーによれば、「物質と精神とは、一群の自然現象に関する想像上の基体（根底にあるもの）に対する名前に他ならない」のである。彼はヒュームに倣って、われわれは結局のところ、物質にせよ精神にせよ、それらの本性については何も知らないのだ、と主張する。だとすれば、〈唯物論〉もまた、不毛な神学上の教義と同様に正当化を欠いているとみなさねばなるまい。彼はこう述べている。

「唯物論の根本的な教義は、精神主義（スピリチュアリズム）や他の多くの『何々主義』と同様に、『哲学的探究の限界』の外側にある」

しかしながら、ハクスリーはけっして〈唯物論〉などいらぬ、と言っているのではない。それどころか彼は、科学の進歩を考えるなら、〈唯物論〉的なアプローチのほうが好ましいと主張する。なぜなら、〈唯物論〉的なアプローチのほうが、自然界における他の現象とのつながりや関連性が明確になるからである。しかるに、精神主義的なアプローチのほうはまったく不毛であり、不明瞭で混乱した考えに導かれるだけだ、と彼は主張する。

ハクスリーの心身理論――〈随伴現象説〉――は、一見すると多くの矛盾に満ちている。〈唯物論〉的でもあり、〈二元論〉的でもある。〈決定論〉的でもあり、〈非決定論〉的でもある（「自由意志を授けられた意識ある自動機械」という彼の表現はその最たる例である）。

それでもハクスリーが平然としていられたのは、あらゆる「何々主義」を相対的な仮説とみなす、彼独自の「健全な」懐疑的態度――ヒュームの影響が大きい――があったからである。彼が生みだした「不可知論」は、彼の心身理論にも息づいているのだ。

ハクスリーの晩年

ハクスリーの名声は晩年においても高まりつづけ、一八八五年、六〇歳のときに病気で第一線を退くまで、相変わらず執筆や講演活動で忙しかった。家庭には愛する妻ネッティがいて、二人の間には八人の子供たちがいた。ハクスリーは、「いつか立派な人間になって、自分が生きた足跡を残す」という少年時代の夢を十二分にかなえた。

その輝かしい生涯において、ハクスリーが自らに使命として課していたのは、限りある人生を気高く立派に生きることができたならば、たとえ来世はなくともこの世は生きるに値する、と示すことであった。その使命が全うできたかどうかは、わからない。だが、人生において価値あるものを得た人がいるとすれば、彼はまさにその人だった。

最後に二つだけエピソードを紹介しよう。

まず、ハクスリーが「アグノスティシズム（不可知論）」という言葉を考案したきっかけとなった出来事である。

ハクスリーは一八六九年に創設された形而上学会の初期のメンバーであった。この学会では、「死とは何か」とか「霊魂の理論」といった様々な議題が扱われていたのだが、議論に参加する中で、ハクスリーはひとつ気づいたことがあった。

それは、参加者の誰もがある固定した意見をもっていて、その意見にかじりついている、ということであった。彼らは皆、「何々主義者（イスト）」だったのである。ハクスリーは自分が「何主義者なのか」など考えたこともなかったので、これには大いに困惑した。

学会の参加メンバーは誰もが明確な「グノシス（知）」をもっていて、それによって真と偽を区別しているのだ、とハクスリーは考えた。ところが、自分はそうした「グノシス」をもっていない。そこで彼は、自分の立場を表すのに「アグノスティック（不可知論者）」という言葉を案出したのであった。この言葉は「無神論者」のように挑戦的でないために、多くの人々に好んで用いられた。

もうひとつのエピソードは、ハクスリーが生涯情熱を燃やした「教育」についてである。彼は学者としての地位を得て以来、教育の問題に力を注いできたのであった。

一八七〇年、ハクスリーは新しく設置されるロンドン市学務委員のメンバーに選ばれた。ある日、宗教教育が議題に上ったときのことである。学務委員の大多数は宗教教育に賛成であり、反対派はごく少数であった。反対派の人たちは、当然ハクスリーは味方だろうと考えていた。事実、彼は〈進化論〉を擁護するために、しばしばキリスト教の正統派教義を攻撃してきたのであった。

ところがハクスリーは、毎日学校で聖書を読むべきだ、という提案に賛成したのである。反対派の人たちは失望し、激しい調子でハクスリーを攻撃した。これに応えて彼は、聖書を読むことは、貧しく無学な人々にとって、自分たちとは異なる国民の習慣や文明を知る唯一の機会であり、イエスの生涯と教えは、子どもたちが見習うべき倫理的理想を教えるものである、と指摘した。庶民の暮らしをよく知る彼は、人間性を最も効果的に育むのは科学者や哲学者ではなく、「牧師や看護師、聖書読みの女性」であることを知っていた。

ハクスリーは自らの不可知論を広めるためにこの委員会に来たのではなかった。事柄に則し、問題の本質をつかもうとする彼の決意と、子どもたちの利益のために専心する彼の姿勢は——賛成派、反対派を問わず——委員会全員の尊敬と賞賛とを勝ち得た。

しかし、「ダーウィンのブルドッグ」も徐々にその闘志を失っていった。

ハクスリーは、年をとるにつれて「最後は無に還る」と考えるのが嫌になってきた、と周囲に漏らすようになっていた。確かに、彼の心身理論によれば、肉体の死滅は精神活動の消滅を意味するはずである。彼は、一九〇一年には自分はもう存在せず、科学のことがわからないのだと考えると辛くなる、と言った。

一八九五年早春、インフルエンザがイギリス中で猛威をふるい、ハクスリーもその犠牲となった。彼はつづけて気管支炎になり、いつまでも長引いた。最後に肝臓障害の兆候が現れた。それでもハクスリーは、死の間際まで機嫌がよかったという。

一八九五年六月二九日、愛する家族に看取られ、ハクスリーはこの世を去った。七〇年の堂々たる人生であった。遺体はフィンチリー墓地——早世した長男ノエルと同じ墓——に埋葬された。

ハクスリーを最もよく知り、かつ最も敬愛していた弟子サー・マイケル・フォスターが『ネイチャー』誌に寄せた美しい追悼文には、次のような文章がある。

「ハクスリーは、科学はその全力をもってしても、われわれの生命をとり巻く、あの夢のヴェールの一端を上げることにさえけっして成功しないであろう、と信じていた」

五章　ワトソンと行動主義革命

――心理学の誕生と行動主義心理学

一九世紀後半に、心身問題の歴史を考える上で重要な出来事が起こった。科学としての心理学の誕生である。遅咲きの学問であった心理学は、二〇世紀初頭のアメリカで〈行動主義心理学〉として発展を遂げた。〈行動主義〉の創始者ジョン・ブローダス・ワトソンの波乱に満ちた生涯を通して、〈行動主義〉の物語を見ることにしよう。

John Broadus Watson

心理学の誕生

ワトソンの物語を見る前に、「科学としての心理学」の誕生について触れておこう。

一九世紀後半までには、心理学が誕生するための条件はかなり出揃っていた。ドイツの生理学者・物理学者ヘルマン・フォン・ヘルムホルツによる生理光学・生理音響学の研究や、同じくドイツの哲学者グスタフ・フェヒナーによる精神物理学の創始、二〇世紀思想の一大潮流・現象学にも影響を与えた、オーストリアの哲学者フランツ・ブレンターノの研究など、個別の科学としての心理学は形をなしつつあった。

このような一九世紀後半の心理学をめぐる「時代精神」を結晶化させたのが、ドイツの心理学者ヴィルヘルム・ヴントであった。一八七九年、彼がライプツィヒ大学に世界初の心理学実験室を設置して以来、心理学は世界中の高等教育機関で教えられるようになったのである。したがって、現代心理学の誕生は一八七九年だ、と言うことができる。

ヴントが「現代心理学の父」たりえたのは、むろん偶然もあろうが、彼の明確な学問的プログラムによるところが大きい。黎明期の学問にあっては、細かな事実やデータの集積よりも、明快な指針づくりのほうがはるかに重要である場合が多いのである。このような役割を演ずることにおいて、ヴントの右に出る者はいなかった。

では、心理学におけるヴントのプログラムとは、どのようなものだったのか。

ヴントはまず、心理学の「アイデンティティ」を確立することからはじめた。すなわち、心理学は他の学問分野――例えば、物理学や生理学――とどう違うのかを明確にすることからはじめたのである。後発の科学である心理学にとって、先行する科学分野との違いを明確にしておくことはぜひとも必要であった。

物理学は外界の対象や事象を研究する。外界の対象や事象を観測するには経験を必要とするが、物理学は「経験そのもの」について研究するわけではない。対照的に、心理学は意識的な経験そのものを研究対象とする。

また生理学は、その一部として、意識されない心のプロセスを研究している場合がある（ヘルムホルツの生理学的な研究はその先駆的な例である）。対照的に、心理学は意識的にアクセスできる心のプロセスを研究対象とする。

このようにヴントは、心理学を、物理学や生理学とはまったく異なるアイデンティティをもつ学問として規定した（「線引き」をした）。そのために彼は、これらの学問の方法論とはまったく異なる〈心理学独自の〉新しい方法論を模索する必要に迫られた。こうして彼は――プログラムの第二弾として――心理学独自の方法論を追い求めたのであった。

ここでヴントの独創性が発揮されるのである。彼によれば、心理学が固有の研究対象とする意識的な経験は〈内観〉――意識の内側での観察――によってアクセスされなければならない。自らの感覚や経験に細心の注意を向け、できるだけ客観的にそれを記述・報告する「内観法」こそが心理学の方法たるべきだ――ヴントはこう主張した。

こうして「科学としての心理学」は誕生した。「内観法」をその方法論とし、意識的経験そのものを研究対象とする新しい科学――ヴントが自らのプログラムで描いて見せたのは、このような心理学の姿であった。

ヴントはその恐るべき指導力を発揮して、当時の指導的研究者の多くを訓練した。彼は自らのプログラムを実施するために、後進を育て、実験室を設置し、ハンドブックや雑誌、学会を整備するために五〇年間休むことなく働いた。彼は、次々に生まれる研究の成果を辞典やハンドブック、教科書の中で体系化し、ときに応じて改訂していったのである。

ヴントのプログラムは、以後三〇年以上にわたって心理学の支配的パラダイムとなった。むろん、心理学の内部でヴントのアプローチに対する批判がなかったわけではない。だが、心理学独自の方法としての〈内観〉の地位が揺らぐことはなかった。これこそは心理学を心理学たらしめているもの、心理学の「科学としてのアイデンティティ」そのものだったからである。

この心理学のアイデンティティそのもの、つまり、〈内観〉という心理学の方法そのものに容赦ない攻撃を加え、心理学に革命を起こした男こそがワトソンであった。

手に負えない子ども

ワトソンの代表作『行動主義』（初版一九二四年・改訂版一九三〇年）が出版されたとき、アメリカのある書評家はこう言った。

「行動主義と精神分析は、現代の西欧世界を二分しているといっても過言ではない。だが、これら二つのうち、行動主義はアメリカ人の気質にぴったりである。それが希望にあふれ、民主的だからだ」

現在の見地からすれば何から何まで的外れなこの書評も、少しばかり真実を含んでいる。それは、〈行動主義〉が「アメリカ的」な思想であるということであり、その創始者であるワトソンも、極めて「アメリカ的」な偉人であるということだ。ハクスリーの偉大な生涯がヴィクトリア朝のイギリス文学に描かれていたとしてもおかしくないように、ワトソンの生涯は現代アメリカ小説に描かれていたとしても違和感がないくらいだ。

ジョン・ブローダス・ワトソンは、一八七八年一月九日、サウス・カロライナ州にある小さな町グリーンヴィルに生まれた。

父ピッケンスは、なかなかの男前であるが、粗暴でカッとなりやすい男だった。怠け者である上に大酒飲みで、おまけに無類の女好きときていた。一方母エンマは、美しく勤勉な女性で、バプティスト派の熱心な信者であった。息子のジョンが敬虔なクリスチャンになることを望み、飲酒や喫煙に手を染めないように、絶えず目を光らせていた。ワトソンはこの両親の性格を併せ持った人物であったと伝えられている。

父ピッケンスは暇さえあれば――どうも暇が多かったらしい――おどおどするワトソン少年を戸外に連れ出し、乗馬や牛の乳しぼり、靴の底革を貼る仕事を教えた。ワトソンが心理学者になってからも絶えず「手を使う習慣」を重視するのは、この父の影響であろう。一方母エンマは、人一倍勤勉に働くことをワトソンに教えた。プロテスタント的な勤労と努力の重視も、ワトソン後年の研究にしばしば顔をのぞかせている。

事件はワトソンが一三歳になったばかりのときに起きた。父が近くに住んでいた女性と駆け落ちし、家を出ていったのである。父は家族の前から姿を消した（一九二〇年代に、父は有名になった息子に会いに来たが、ワトソンは会うことを断固として拒否したという）。

この事件はワトソン少年に激しい衝撃を与え、このときを境に、彼は学業に対する意欲を急速に失った。そして、怠惰で反抗的になり、学校のテストはいつも落第点だった。授業中でも教師に罵声を浴びせかけ、教師が教室から出て行くと、クラスメイトのジョー・リーチとボクシングをはじめた。どちらかが血を流すまで殴り合いを止めなかったという。

学校からの帰り道で、わけもなく黒人に襲いかかることもあった（自伝の中で「これは俺のお気に入りの放課後活動のひとつだった」と述べている。恐ろしい男だ）。彼には二度の逮捕歴がある。一度目はこの黒人に対する襲撃のためであり、二度目は街中でピストルをぶっ放したためである。まさに手に負えない子どもであった。

学生時代

そんなワトソンが――金もなく成績も悪かったのに――どうして大学に行く気になったのかは不明である。ともかく彼は、一八九四年、一六歳のときにファーマン大学に入学を許可された。
大学ではギリシア語とラテン語を修めたが、当時のワトソンに大きな影響を与えたのは、ゴードン・ムーアの哲学と心理学の講義であった（この講義ではじめてヴント心理学を知ったようだ）。一八九八年夏に大学を卒業する予定だったが、一年留年した。レポートの提出締め切りをうっかり過ぎてしまい、ムーアの講義で単位を落としてしまったのである。

一八九九年に修士号を取得してファーマン大学を卒業したとき、ワトソンは一流大学に入り直したいと思った。だが、病に伏していた母のために生地グリーンヴィルに留まり、小さな私立小学校の教師になった。月給は二五ドルであった。

ところが翌年の七月に、母が亡くなった。生地に留まる理由がなくなったワトソンは、シカゴ大学への進学を希望した。ムーアがシカゴ大学出身であったことが影響したらしい。同年夏、彼はシカゴ大学哲学科大学院に入学した。シカゴに来たとき、彼のポケットには五〇ドルしか入っていなかったという。このとき、ワトソン二二歳。

ワトソンの後年のキャリアを考えると、この選択は彼にとってプラスに作用した。彼はのちに、「ここに入って、正しいところに来たとすぐに感じた」と当時を振り返っている。

実際、彼はラッキーだった。一八九四年――ワトソンが入学する四年前――シカゴ大学哲学科で大きな異動があり、プラグマティズムの哲学者ジョン・デューイが哲学科の教授に就任したのをはじめ、哲学者・社会心理学者ジョージ・ハーバート・ミードや心理学者ジェームズ・ローランド・エンジェルなど、錚々たるメンバーがシカゴ大学哲学科に集結していた。もっとも、「錚々たる」と言っても、当時、最年長のデューイは三五歳、最年少のエンジェルは二五歳と、若手の集まりだったのだが。

これらの若い学者たちは、ヴント心理学の流れをくむティチナーの構成心理学に反対し、デューイと並ぶプラグマティズムの哲学者ウィリアム・ジェームズが主導する機能心理学の発展にエネルギーを注いだ。意識や経験の要素的成分を取り出そうと試みた構成心理学に対し、機能心理学は、現実の生活条件下での精神活動の機能を明らかにしようと試みるものであった。だが、心理学におけるこうした変革も、のちにワトソンが巻き起こすことになる〈行動主義〉革命に比べれば、些細な出来事である。

エンジェルの使い走りや学生食堂のウェイターなど、様々なアルバイトで生計を立てながら、ワトソンは一所懸命に勉強した。彼は、エンジェルに心理学を、ドナルドソンに神経学を、レーブに生理学を学んだ。そして一九〇三年、二五歳のときに『動物の教育』という博士論文——ネズミの迷路学習と神経系の成長に関する研究——を提出し、博士号を取得した。

結婚と研究生活

翌一九〇四年、ワトソンは講師となり、動物心理学を担当した。給料は年俸六〇〇ドルであった。この頃ワトソンの実験室に、メアリー・イッキーズという心理学科の女子学生が出入りしていた。二人はたちまち恋に落ち、互いに結婚したいと思うようになった。メアリーの兄ハロルド・イッキーズ——ルーズベルト大統領のときに米内務長官となった人物——はワトソンをいかがわしい男とみなし、結婚に強く反対したが、二人はそれを押し切って、一九〇三年に結婚した。そして一九〇五年に長女ポーリーを、数年後には長男ジョンをもうけた。

愛する女性がそばにいるときのワトソンは恐ろしいほどエネルギッシュだった（ただし、その「女性」は妻メアリーだけではなかったようだ）。彼は自ら設立した世界初の動物心理学実験室で、次々に研究を行った。シロネズミの迷路学習に関する実験や、サルの色彩感覚、模倣行動、発達についての研究などが発表された。これらの研究を見る限り、ワトソンがのちに人間心理について何かを言うようになるとはとても思えない。事実、彼は動物心理学の草創期における先駆的研究者であった。研究者としてのワトソンの有能さが知れわたると、ジョンズ・ホプキンス大学医学部は年俸二五〇〇ドルで彼を助教授として招こうとした。しかし彼は、シカゴ大学の研究室とエンジェルたちから離れたくなかった。それで返事を渋っていたところ、大学側は年俸を三五〇〇ドルに値上げし、教授のポストを用意する、と言ってきた。ワトソンはすぐさまこの申し出に飛びついた。一九〇七年、ワトソン二九歳のときである。

当時ワトソンには、特に親しくしている二人の友人がいた。ひとりは、ハーバード大学の心理学者・動物行動学者ロバート・ヤーキーズであり、もうひとりは、コーネル大学の心理学者エドワード・ティチナーである。ヤーキーズは人間と霊長類の知能研究の分野で有名であり、ティチナーは、ヴント心理学の正統的な継承者であった。ワトソンはのちにヴント＝ティチナー流の内観心理学を激しく攻撃したが、ティチナーに対する尊敬は、終生変わるところはなかった。

一九〇八年一二月、ワトソンはティチナーに宛てた手紙の中でこう述べている。

「夏に先生のところに伺えるなら、先生と研究についてお話したいと思います。ある人が私に『きみが人間を研究しないのは間違っている』と言いました。きっとその通りでしょう。しかし、人間についての立派な研究と、動物についての立派な研究を両立させることは、誰にもできないと思います……。

ときどき私は、動物の研究で得られる名声は非常に儚いものだな、と思います。確かに現在は関心が大きいのですが、果たしてそれがいつまでつづくでしょうか……」

ワトソンは動物心理の研究者から人間心理の研究者に変わりたがっていた。しかし彼は煩悶していた。彼が頭に思い描いている「新しい心理学」をそのまま口に表せば、自分が尊敬するティチナーを裏切ることになるだろう。一九一〇年二月、ワトソンはヤーキーズに手紙を書き、「俺は、いまある心理学をつくりかえたい」と訴えた。手紙はこうつづく。

「俺が自分の主張をやりたいように発展させたら、きっと俺は心理学者たちと不和になるだろう。ティチナーは俺を見捨てるだろうし、エンジェルだってそうするんじゃないかと恐れている」

ヤーキーズはワトソンのやりたいことを直ちに理解した。だが、ヤーキーズはワトソンに「慎重になれ」と忠告した。

しかし三年後の一九一三年、ワトソンはついに行動に出た。ワトソンの「行動主義者から見た心理学」と題する論文が『サイコロジカル・レビュー』誌に掲載された。これが「行動主義」という言葉がはじめて登場したシーンであり、しばしばこの論文は、「行動主義のマニフェスト」と呼ばれるようになる。結局ワトソンは、たったひとりで心理学の革命を成し遂げようと決心したのであった——〈行動主義〉革命を。

ワトソンが成し遂げようとしたこととは一体何だったのか。「ティチナーに対する裏切り」とは何を意味するのか。「新しい心理学」はそれまでの心理学とどう違うのか——。

さっそく「行動主義のマニフェスト」を覗いてみることにしよう。

行動主義のマニフェスト

この論文は次のような書き出しではじまる。

「行動主義者が考えるような心理学は、純粋に客観的・実験的な自然科学の一部門である。その理論上の目的は、行動を予測し、かつコントロールすることである。内観はその方法にとって何ら本質的な部分ではない。また、心理学におけるデータが科学的な価値をもつのは、データを意識という観点から解釈するからではない。

行動主義者は、動物の反応に関する統一的な図式を得ようと努力するうちに、人間と動物の間に何ら境界線がないことに気づいた。人間の行動は、洗練され、複雑であるとはいえ、行動主義者が探究に用いる図式全体の一部をなすに過ぎない」

真っ向からヴントのプログラムに対抗していることがわかるであろう。特に〈内観〉が心理学の方法として否定されている点が重要である。「マニフェスト」の論調はどんどん激しさを増してゆく。

「心理学が意識に言及することを一切放棄する時代が来たように思われる。『心理学は精神状態を観察対象にしている』という考えに惑わされずに済む時代が来たのである」

こうした観点から、ワトソンは、ヴント＝ティチナー流の構成心理学もジェームズ流の機能心理学も、一刀のもとに切り捨てる。

「私の心理学上の論争相手は、構成心理学者だけではない。過去一五年間、機能心理学と呼ばれる分野が成長してきた。このタイプの心理学は、構成心理学者たちが静的な意味で心的要素を用いていることを非難している。機能心理学は、内観によって分離可能な要素に意識状態を分析するよりも、意識プロセスの生物学的な意義を重視している。

私は、機能心理学と構成心理学の違いを理解しようと最善を尽くした。しかし、違いがはっきりするどころか、ますますわけがわからなくなるのであった。感覚、知覚、感情、情動、意志……これらの用語は、機能主義者も構成主義者もむやみに使っている」

では、どうすべきなのか。ワトソンの下した結論は、明快である。

「意識、精神状態、精神、内容、内観によって検証可能なもの、心像……これらの用語を一切使うべきではない」

つまりワトソンは、ヴント以来の心理学の伝統に反対し、意識経験や〈内観〉に基づく心理学から、行動を研究対象とする心理学に転換すべきだ、と主張したのである。

ワトソンの革命的で権威を否定したこの発言は、当時の若いアメリカ人心理学者たちを感激させた。一九一五年――「マニフェスト」から二年後――ワトソンは三七歳の若さでアメリカ心理学会の会長に選出された。それも絶対多数の票を獲得しての選出であった。当時のアメリカの心理学を覆っていた「革命的な」雰囲気をうかがうことができよう。

しかし、ワトソンはひとり悩んでいた。大見得を切って内観心理学を批判し、〈行動主義〉の基本となるテーゼを打ち出したところまではよかった。しかし、〈行動主義〉を人間の心理学にあてはめるための方法論がまだつかめていなかった。

ヴントの巨大さがワトソンの肩に重くのしかかってきた。ヴントは、具体的な方法論とセットで心理学のプログラムを提唱したのであった。ワトソンのプログラムには、それがなかった。このままでは〈行動主義心理学〉は絵に描いた餅も同然である。いずれ単なる大言壮語として忘れ去られてしまうであろう。

周囲が「行動主義革命」の熱狂に浮かれる中、ワトソンはひとり暗中模索していた。

刺激と反応の方法論

一九一五年の冬、ワトソンはたまたまロシアの精神科医ウラジミール・ミハイロビッチ・ベヒテレフの『客観的心理学、すなわち心理反射学。連合反射の説』という本を手に入れ、パラパラ眺めていた。次第にワトソンの表情が真剣になり、いつしか時間を忘れて読み耽っていた。読み終わったワトソンは、興奮のあまり椅子から転げ落ちそうになった。ワトソンが探し求めていたそれがそこにあったのである。

ベヒテレフの本を読んだのをきっかけに、ワトソンは「条件反射」を自らの心理学に取り入れることを思いついた。

条件反射――「パブロフの犬」で有名な実験とその内容については、すでにご存じのことであろうから、ここでは簡単に復習するだけにしよう。

条件反射の核となるのは、〈刺激〉と〈反応〉のセットである。古典的な「パブロフの犬」の例で説明すれば、まず、「餌を食べる」という〈刺激〉と「唾液が出てくる」という〈反応〉のセットが最初になければならない。この〈刺激〉・〈反応〉のセットは、犬が生来もっているものである。つまり、犬であれば餌を食べると自然に唾液が出てくる。このように生得的な〈刺激〉と〈反応〉のセットのことを「無条件反射」と呼ぶ。

パブロフの実験では、犬が餌を食べるときにベルを鳴らした（このときもむろん、犬は餌を食べながら唾液を出す）。そして、このプロセスを繰り返した——つまり、犬が餌を食べるときにいつもベルを鳴らしたのである。これは言い換えると、「餌を食べる」という〈刺激〉にいつも「ベルの音を聞く」という別の〈刺激〉が伴っている状況である。これを何度も繰り返すとどうなるか——ご存じのように、ベルの音を聞いただけで犬が唾液を出すようになるのである。

ここで注意すべきは、実験の結果獲得された〈刺激〉・〈反応〉のセットは、犬が生来もっているものではない、ということだ（普通の犬は、ベルの音を聞いただけでは唾液を出さない）。先に述べた「無条件反射」と区別するために、「ベルの音を聞く」という〈刺激〉と「唾液が出てくる」という〈反応〉のセットのことを「条件反射」と呼ぶのである。

また、このように条件反射に基づいて〈刺激〉や〈反応〉のセットを置き換えるテクニックのことを「古典的条件づけ」と呼ぶ（パブロフの犬の例では、〈刺激〉が「餌を食べる」から「ベルの音を聞く」に置き換わったわけである）。

ここまではもはや現代の常識の一部であり、何ひとつ珍しいことはない。が、ワトソンの〈行動主義心理学〉において許される方法論はこれだけだ、と聞けば驚くかもしれない。事実、いくつかの付加的なテクニックを除いて、〈刺激〉と〈反応〉以外にワトソン心理学の方法論は存在しない。

ワトソンはこの方法論だけで、子どもの言語発達からピアノの演奏まで、あらゆる種類の人間行動を説明しようと企てたのである。これこそがワトソンの思い描く「科学的な心理学のあるべき姿」であった。意識、精神、イメージ、記憶……これらはすべて粗大ゴミ行きだ。

考えてみると、これはすごいことである。心理学は——誕生からわずか三〇余年で——心・精神についての学問ではなくなったのだ。研究対象そのものを自らの手で消し去った学問など、かつて存在しただろうか（学問自体が消えた例はたくさんある）。長きにわたる知の歴史においても、大変珍しい事件である。

新行動主義

容易に想像がつくように、ワトソン流の〈行動主義心理学〉は、大して成功しなかった。理由は簡単である。まず、ワトソンの理論では、環境にあらかじめ存在する〈刺激〉に依存した受動的活動（すなわち、〈反応〉）しか扱うことができず、生物の自発的な活動を捉えることができない、という点がひとつ。次に、〈刺激〉と〈反応〉の関係があまりにも直接的であり、複雑で多様な生物の行動を扱うには不適切である、という点である。

どれも考えればすぐに気がつきそうなことばかりである。実際、ワトソン以後の理論家たち——しばしば「新行動主義者」と呼ばれる——は、ワトソンの心理学が抱える欠点と限界にすぐさま気づき、ワトソンの〈行動主義〉哲学には敬意を表しつつも、彼ら独自の新しい方法論を模索していった。そして、それなりの成功を収めたのである。

散漫にならない程度に、新行動主義の例をいくつか挙げてみよう。

まずは、新行動主義のリーダーのひとり、バラス・スキナーである。彼は自らの哲学を「徹底的行動主義」と名づけ、新たな〈行動主義心理学〉の構築をめざした。特に、環境にあらかじめ存在する刺激の存在を常に仮定し、そこから出発するしかない「古典的条件づけ」のみならず、生物の自発的な行動（「オペラント行動」と呼ぶ）の存在を認め、「オペラント条件づけ」の概念を新たに導入した点にワトソンの理論との相違点がある。

オペラント条件づけとは、生物の自発的な行動の結果、環境が生物にとって有益なものに変化した場合、その結果を生みだす行動が起こりやすくなる——あるいは反対に、環境が生物にとって不利なものに変化した場合、その結果を生みだす行動が起こりにくくなる——プロセスのことである。つまり、スキナー型生物は、常に行動という「問い」を環境に投げかけ、その結果を自己の行動決定にフィードバックしているのである（これは人間であるわれわれが日々行っていることである）。

ワトソンの古典的〈行動主義〉からの乖離という意味では、エドワード・トールマンの理論も大変示唆的である。彼はワトソン流の〈刺激〉・〈反応〉という単純すぎる方法論に満足できず、〈刺激〉と〈反応〉の間にもうワンクッション、「媒介変数（行動決定因）」をさしはさむことにより、生物のより複雑で洗練された行動に説明を与えようとした。

同じトールマンの「認知地図」というアイデアも、極めて示唆に富んでいる。彼もまたワトソンと同様、ネズミの迷路学習を熱心に研究した。しかし、トールマンは、ネズミが迷路をクリアするまでにかかる時間やエラー回数を計測しているうちに、ネズミの脳内に環境（迷路）の「認知地図」が形成されるのではないか、という大胆な仮説を思いついた。

新行動主義のアイデアについてはこのくらいにしておこう。

いずれにしても、新行動主義のアイデアは、〈行動主義〉の創始者ワトソンが思い描いた「科学的な心理学のあるべき姿」とは大きく異なるものである。実際、ワトソンが見れば怒り心頭に発するようなアイデアばかりである。彼のつぶやきが聞こえてきそうである。

「こんなのは、〈行動主義〉なんかじゃねえ」

ワトソン流〈行動主義〉の哲学的意義

少し立ち止まって、ワトソン流〈行動主義〉の哲学的意義を考えてみよう。

ワトソンはまず、ヴント以来の内観心理学を批判するところからはじめた。ワトソンが「ある心理学者の分析では、あなたはあるタイプの感覚を何百も発見する。ところが別の心理学者は、いや、そういうタイプは二、三個しかない、と主張する」と揶揄したように、内観法の怪しさは――ヴントの超人的努力にもかかわらず――明らかであった。この点で、ワトソンによる〈内観〉批判は実にまっとうなものだった。

一方、ワトソンが〈行動主義心理学〉に許した方法論は、極めて厳格なものだった。それは、特に心理学のように若い学問にとっては、息が詰まるほど禁欲的なものだったのである。解明したい現象が山ほど転がっているというのに、使える方法論が〈刺激〉と〈反応〉だけでは物足りないであろう。

結局、新行動主義者たちは、それぞれが独自の方法論をつくり上げ、動物や人間の行動に関する独創的な研究を残していった（ラ・メトリのところでも触れた、「科学は哲学的な教養を無視することでいっそう発展する」の一例である）。今日かろうじて残った行動主義的な影響は、ワトソン本人のそれというよりも、むしろワトソン以後の研究者たちの努力によるところが大きい。

それでは結局、ワトソンは、新しいアイデアを受け入れることができず、自ら手掛けた方法論にしがみつくだけの保守的な開拓者に過ぎなかったのだろうか。確かにそのような一面があることも否定できない。例えば彼は、同時代の心理学の風潮について、「心理学者の多くは、脳の中に新しい伝導路がつくられる、とペラペラしゃべっている」と揶揄した。そんなアイデアは、神話かおとぎ話のようなものだ、とでも言わんばかりである（実際にそう言っている）。

だが、もう少し違った角度からも見てみる必要があるだろう。

ワトソンの〈行動主義〉哲学を貫いているのは、一言でいえば、「内的なものの拒絶」である。ここで「内的なもの」とは、いわゆる「心的なもの」のみならず、「頭の中（脳）」など、文字通りに「内的なもの」すべてを意味する。ワトソンの代表作『行動主義』（邦題は『行動主義の心理学』）を訳した安田一郎——本章は彼の解説に多くを負っている——が述べるように、「彼の心理学は精神がないのと同じく、脳がなかった」のである。

ある分野の開拓者は、ときとして本職の哲学者以上に、哲学者然としていることが多い。その意味で、ワトソンもまた一級の哲学者であった。ワトソンは「内的なもの」の危険性を知りつくしていた。どんなに些細なものに見えても、ひとたび「内的なもの」の侵入を許せば、際限なく「精神主義」の泥沼に引きずり込まれてしまうであろう——初期の心理学が〈内観〉という底なし沼にはまり込んだように。

皮肉なことに、ワトソン以後の心理学は、まさしく彼が危惧する方向へと進んでいった。トールマンの媒介変数や認知地図が象徴的な例だが、心理学者たちは少しずつ〈行動主義〉の重たい拘束具を脱ぎ捨て、直接「内的なもの」に言及するアプローチを追究しはじめたのである。一九六〇年代後半には現在主流の「認知心理学」が誕生し、他の認知諸科学と同様、「認知革命」の勝利を告げる出来事のひとつとなった（これは次章のテーマである）。

かくして現在では、ワトソン流にいえば、誰もかれもが「心的表象」や「心的プロセス」について「ペラペラしゃべって」いる。むろん現代の認知心理学は、かつての内観心理学とは本質的に異なるアプローチをとっているが、概していえば、現代の心理学は「内的なもの」全盛の時代であると言えるだろう。

さて、そろそろワトソンの物語に戻る頃だろう。やや分量が多いので、心身問題の物語のみに興味がある読者は、そのまま次章に飛んでも差し支えない（連続性は損なわれない）。ただし——当人には申し訳ないが——ワトソンの人生はここからが面白い。

リトル・アルバート実験

一九一七年四月、アメリカが第一次世界大戦に参戦し、八月にはワトソンも招集されることになった。軍隊での経験はワトソンにとって最悪なものだった。彼は軍隊生活を振り返り、自伝の中でこう述べている。

「軍隊での経験は俺にとって悪夢そのものだった。これほど無能で金遣いが荒く、横柄で凡庸な奴らは見たことがない」

翌一九一八年一一月に復員し、大学に戻るとすぐに、戦前から行っていた赤ん坊の研究を続行した。彼はこの研究の成果を『行動主義者の立場から見た心理学』という本にまとめ、一九一九年に出版した。この本によってワトソンは、〈行動主義〉に基づく人間の心理学を確立したのである。

一九二〇年にアルバートという赤ん坊を使って行われた実験――「リトル・アルバート実験」と呼ばれる――は物議をかもした。それはこんな実験である。

生後一一カ月の赤ん坊アルバートを実験室に連れてきて、実験用のシロネズミを見せた。アルバートはシロネズミを見ても泣いたりせず、手を伸ばして触ったりもした（すなわち、いかなる恐怖反応も示さなかった）。この点を確認し、その後、アルバートがシロネズミに触れるたびに、アルバートの背後で鋼鉄の棒をハンマーで叩いた。その音にびっくりして、アルバートはしくしく泣いた。

これを幾度も繰り返し、ワトソンと助手ロザリー・レイナー――彼女の名前をしっかり覚えておいてほしい――は、アルバートがシロネズミを見ただけで恐怖反応を示すように条件づけることに成功した（古典的条件づけ）。

この（現代の倫理基準からいえばかなり危険な）リトル・アルバート実験は、いまなお繰り返される「氏か育ちか」論争――人間形成において影響が大きいのは、先天的な遺伝（「氏」）か、それとも後天的な環境（「育ち」）か――に対するワトソンの確信を強化することになった。古典的条件づけの使徒であるワトソンは、典型的な「育ち（環境）」の側の論者であり、のちにこんなふうに述べている。

「一ダースの健康な赤ん坊と、彼らを育てるのに、私が指示する通りの環境を与えたまえ。赤ん坊をひとりランダムに選んで、どのタイプの専門家にでも育ててみせよう。医者でも弁護士でも、芸術家でも商売人でも、そうだな、乞食や盗人にだってしてみせる。赤ん坊の才能や好み、性向、能力、適職、両親の人種などはお構いなしだ」

なるほど。では、ジョン・ワトソンのような育ちの人間は、一体どのような人生を送るのだろうか。つづきを見てみよう。

不倫の恋と大学追放

一九一九年秋、ヴァッサー女子大学——アメリカの名門女子大——を卒業したばかりのロザリー・レイナーという一九歳の美しい女性が、ワトソンの実験室に助手として入った。彼女の家はバルチモアの名門で、富豪であり、父親は上院議員であった。

実験室で顔を合わせるうちに、二人は恋に落ち、やがて深く愛し合うようになっていた。そのうち二人は、ロザリーの友人が手配してくれたニューヨークのアパートで、ひそかに週末を過ごすようになった。

ワトソンの妻メアリーは、一九一九年の終わり頃には夫の浮気にうすうす感づいていた。ある日メアリーは、ワトソンのコートのポケットの中に、ロザリーから夫へ宛てられたラブレターを発見した。実をいえば、メアリーが夫の浮気を発見したのは、これが最初というわけではなかった。しかし、今回はただならぬ予感を感じ、兄ジョン・イッキーズ（米内務長官になったハロルドとは別人）に相談をもちかけた。兄はメアリーに、ワトソンがロザリーに送った手紙を見つけるようアドバイスした。

ここからが実に生々しい。

ある晩、メアリーは夫とともに、レイナー家のディナーに招待された。しばらくすると、メアリーが「頭痛がするわ。少し休ませてもらえないかしら」と言った。もちろん、仮病である。メアリーはまんまとロザリーの寝室に忍び込むことができた。寝室のドアに鍵をかけると、メアリーは寝室中を探しまわった。やがて、夫がロザリーに送った一四通ものラブレターが見つかった。それはこんな文面であった。

「俺の細胞の一つひとつ、すべてがお前のものだ。俺の全反応は陽性で、お前のほうを向いているんだぜ。そう、心臓のあらゆる反応もな」

メアリーはワトソンに動かぬ証拠を突きつけ、ワトソンも浮気を認めた。結局、夫婦は別居することになった。

ジョンズ・ホプキンス大学学長グッドナウはこのスキャンダルのことを知り、事の重大さに驚いた。学内からも「こんな問題があっては、男女共学の学校をやっていくことなどとてもできないし、公衆の前で名誉と責任ある地位を保つことができない」という意見が上がり、収拾がつかなくなった。

かくして一九二〇年一〇月、ワトソンは大学をクビになった。四二歳のときである。

再就職と再婚

大学を追われ、ワトソンは茫然自失の状態にあった。ワトソンは友人ウィリアム・トーマスを頼ってニューヨークに行き、しばらく彼のアパートに居候した。

――俺は一体、どうしたらいいんだ。

ワトソンは何をする気も起こらず、三日間アパートの周りをうろついた。彼の自伝には、当時の心境がこう綴られている。

「俺は学校と大学の産物だった。大学の壁の外の生活については、何も知らなかった」

見かねたトーマスが、友人たちを介して、広告代理店ジェイ・ウォルター・トンプソン・カンパニーの社長スタンレー・レザーにワトソンを紹介してくれた。レザーはワトソンに、ミシシッピ河沿岸地方のゴム長靴の市場調査をしてみないか、と言ってくれた。こうしてワトソンは、四二歳で新人社員になったのである。

「俺は経験もなく、恥ずかしがり屋だった。だが、やがてドアの呼び鈴を押したり、車を止めたりして、『お宅ではどのメーカーのゴム長靴をはいていますか』と聞くことができるようになった」

一九二〇年の秋、ワトソンの離婚がバルチモアの新聞の一面をにぎわす頃、当の本人はミシシッピ河沿岸でゴム長靴の市場調査をしていたのだ。

同年一一月にメアリーとの離婚が成立した。メアリーに四五〇〇ドルの慰謝料を支払い、カナダの別荘および生命保険を譲り渡すことに同意した。さらに、長女ポーリーには結婚まで毎年一二〇〇ドル、長男ジョンには二六歳まで毎年一二〇〇ドルを送ることになった。これらはワトソンにとって大きな負担となった。

だが、ワトソンに泣いている暇はなかった。翌一九二一年一月、ワトソンはトンプソン・カンパニーの正社員となり、さっそく「ユーバン・コーヒー」を小売店や問屋に売り込む仕事を命じられた。

「俺にとってこの仕事は、アカデミズムの垢を落とすのに必要だった」と彼はのちに述べている。また、彼はこの年にロザリーと再婚した。責任は二倍だった。

ビジネスでの成功

ワトソンはがむしゃらに働いた。本社勤務になると、広報、リサーチ、広告コピーなど、様々な部署を経験した。そうした中、彼にはひとつ疑問に思うことがあった。

――俺は、ビジネスの神様、顧客についてほとんど知らないじゃないか。

ワトソンは、一九二一年の夏の二カ月間、ニューヨークの老舗デパート、メイシーズで店員として働くことにした。にこやかに接客しながらも、ワトソンの目は注意深く顧客の行動を追っていた。やがて彼はコツをつかみ、めきめき売り上げを伸ばしていった。当時の心境を、彼はこんなふうに述べている。

「俺は気づきはじめたんだ。新商品の売り上げカーブの上昇を見ているのは、動物や人間の学習曲線の上昇を見ているのと同じくらいスリリングだ、ってね」

やがてワトソンの実力は本社でも認められるようになり、一九二四年、彼はトンプソン・カンパニーの副社長に抜擢された。かつて街中で黒人に襲い掛かり、ピストルを発砲して逮捕された少年は、一九二八年には年俸五万ドル、一九三〇年には七万ドル――これらは当時、「夢のような金額」と言われた――の年俸を受けとる身となったのである。こうした経験から、彼はのちに『行動主義』という本の中でこう述べている。

「責任が毎年増加することと、サラリーが毎年増加することは、個人の進歩にとって重要な因子である」

ワトソンは再び人生の絶頂を迎えていた。再婚したロザリーとの間に二人の息子ビリーとジミーをもうけ、家庭生活も充実していた。副社長業の傍ら、ワトソンはいくつかの本——『行動主義』（初版一九二四年・改訂版一九三〇年）や『幼児と小児の心理学的ケア』（一九二八年・妻ロザリーとの共著）など——を書き、〈行動主義心理学〉を世間に広めるのに努力した。また彼は、『コスモポリタン』のような一般向け雑誌にも寄稿し、たんまりギャラをもらった。このときの様子を、彼はこんなふうに述べている。

「俺は、大衆が読みたいと思うものをどうやって書くのか学んだからね。それに、俺にはもう専門的なジャーナルに論文を載せる機会なんてなかったから、俺の知っていることを大衆に向かって書いちゃいけない理由なんて見当たらなかった。

でもこういう記事っていうのは、俺が思うに、やたらと非難されるんだ。イェール大学学長のエンジェルみたいな立派なヤツからもね。

俺はこう思うんだ。俺の元同僚たちがもし俺のような立場になったら、彼らだって俺と同じように自分を大衆に売り込むんじゃないか、ってね」

ワトソンは、紛れもなく成功者だった。だが彼は、時折こんなふうに漏らした。

「俺の心理学のキャリアは、終わったんだ。俺は、心理学のテーマで講義をすることさえ、あきらめたよ」

ワトソンの晩年

一九三五年、同僚の副社長ウィリアム・エスティーがトンプソン・カンパニーを辞めて独立したとき、ワトソンもエスティーについて行った。翌年二月、ワトソンはウィリアム・エスティー広告会社の副社長になった。

だがこのとき、ワトソンを悲劇が襲った。愛する妻ロザリーがこの世を去ったのである。肺炎か赤痢だろうと伝えられている。抗生物質のない時代であり、しばらく病んだだけであっさり死んだ。三五年の短い人生であった。

最愛の女性の死とともに、エネルギッシュなワトソンはどこかに消えてしまった。彼は生きる気力も、ひそかに抱きつづけた心理学への情熱も失った。朝から酒を飲み、一日中泣き暮らした。一九四七年に会社を辞め、一九五〇年には広大な邸宅も売り払い、田舎の農場に引っ込んだ。数匹の犬とお手伝いさんだけを相手に、人知れず生きた。訪れる人もなかった。ニューヨーク社交界の人気者だった彼は、やがて世間から完全に忘れられた。

一九五六年頃には、多くの心理学者たちにとってワトソンは伝説の人であり、彼はもう死んだものと考えられていた。グスタフ・ベルグマンが『サイコロジカル・レビュー』誌でワトソンの功績をたたえ、彼はまだ生きているらしい、とためらいがちに書いた。この報告によって、アメリカ中の心理学者たちがワトソンのことを思い出した。

一九五七年、アメリカ心理学会は、心理学におけるワトソンの功績を表彰すべく、彼をニューヨークに招待した。ワトソンは息子と一緒にニューヨークに行った。しかし表彰式の当日になって、「俺は式には出ない。お前が出てくれ」と息子に言った。困惑する息子に対し、ワトソンは「俺のこの靴と靴下は、こういう式に出るのにふさわしくないんだ」と言った。副社長時代の彼は、超一流のものしか身につけなかった。

だが、それは単なる口実に過ぎなかった。ワトソンの『行動主義』を訳した安田一郎が述べるように、ワトソンは心の中——行動主義者の彼にそんなものがあれば、だが——でこう叫んでいたに違いない。

「三七年前に俺を追い出したくせに、いまさら何をぬかすんだ！」

翌一九五八年九月二五日、〈行動主義〉の創始者ワトソンは、ニューヨークでその波乱に満ちた生涯を終えた。享年八〇歳であった。

ワトソンは死の直前に、最後の仕事をしていた。大量の手紙、研究ノート、論文の草稿をかき集め、一つひとつ、ゆっくりと暖炉の火にくべていったのである。お手伝いさんが「後世の歴史にとって損失だ」と嘆くと、ワトソンはこう言った。

「死ねばみんなおしまいさ」

〈刺激〉と〈反応〉だけでは語り尽くせぬ、あまりに人間的な一生だった。

間奏曲　これまでのまとめ

ここでこれまでのあらすじを簡単に復習しておこう。大体頭に入っているという読者は、むろん、飛ばして次章に移ってもかまわない。

われわれの心身問題の物語は、デカルトの〈心身二元論〉とそれに対するエリザベトの批判からはじまった。すなわち、二つの異なる実体とみなされた精神（考えるということにのみその本質があり、延長をもたず、非物質的）と身体（延長をもつということに本性がある）が、一体いかにしてかかわり合うことができるのか、という問いである。この問いこそが心身問題のエッセンスである。

この問いに対してスピノザとライプニッツは——それぞれがまったく独自の形而上学を築き上げながら——〈心身平行説〉というアイデアをもちこんだ。それによれば、精神と身体はそれぞれが独立した秩序を有しているが、（にもかかわらず）両者の間にはある種の対応関係、ないし調和が存在しているのである。こうした対応関係や調和を「保証」するものとして、スピノザは唯一の実体である〈神〉に言及し、ライプニッツは〈モナド〉の理論を構築した。

一八世紀フランスに舞台が移ると、心身思想は急速に〈唯物論〉に傾斜してゆく。ラ・メトリの思想には、過激なまでの〈唯物論〉的傾向と、（それ以上に過激な）〈経験主義〉的傾向がはっきりと見てとれる。つまり、精神の働きはすべて物質（身体）の働きとして理解すべきであるし、そのための方法論は、実験と観察に基づく〈経験主義〉的なものでなければならない（思弁的な形而上学ではなく）、というわけである。現代ふうにいえば、心身問題は急速に〈自然化〉されつつあった。

こうした〈自然化〉の流れを後押しする革命的な思想が、一九世紀イギリスで誕生した――ダーウィンの〈進化論〉である。「目的のあるものが目的のないものから生じうる」ということを説明しうる〈進化論〉の登場により、精神現象も〈唯物論〉的なアプローチで探究すべきだ、という傾向にますます拍車がかかった。ダーウィン〈進化論〉を擁護したハクスリーは〈随伴現象説〉を唱え、精神活動は脳の物質的活動から生じるが、精神活動が脳の物質的活動に影響を及ぼすことはない（つまり、影響関係は脳から精神への「一方通行」である）、と主張した。

一九世紀の後半には個別科学としての心理学が誕生し、精神現象が実証的な科学的探究の対象になろうとしていた。ただし、初期の心理学は〈内観〉に依拠したアプローチが主流であり、〈創始者ヴントの超人的な努力にもかかわらず〉「科学的」と言うには程遠いものであった。

内観法に基づく旧来の心理学にキッパリと別れを告げ、二〇世紀初頭、心理学に革命をもたらしたのが、ワトソンの〈行動主義心理学〉であった。彼は、科学的な心理学が探究すべきなのは、客観的に観察可能な行動であって、意識や記憶などではない、と主張した（それどころか彼は、「意識」や「記憶」といった言葉は役に立たず、使うべきではない、とさえ主張した）。ワトソンの哲学を受け継いだスキナーやトールマンらの「新行動主義」も含めて考えると、二〇世紀初頭の心理学を席巻したのは、まさに〈行動主義〉であった。

そして二〇世紀後半――〈行動主義〉は廃れ、代わりに〈認知主義〉が勝利をおさめる。われわれがこれから見るのは、その物語である。

六章　二〇世紀後半の心身思想

——認知革命以後の心身問題

二〇世紀後半の心身思想は、他のあらゆる思想領域がそうであったように、かつてないほどの多様性と広がりを見せた。心身思想のスペクトル——〈心身二元論〉から〈唯物論〉まで——のすべてを含むのが現代の論争の特色と言ってよいだろう。

大英雄はいない——けれども多くの哲学者や科学者たちの活躍によって彩られた、現代心身問題の物語を見ることにしよう。

ウィーン学団と論理実証主義

心身問題の古巣、哲学から話をはじめよう。だが少し時間を巻き戻して、二〇世紀前半の哲学の状況を簡単に見ておくことにしたい。

キーワードは、「ウィトゲンシュタイン」と（またしても）「行動主義」である。

二〇世紀前半、哲学は〈言語論的転回〉と呼ばれる大きな変化を経験した。哲学者たちの研究方法が、「意識」や「観念」、「（心的）表象」を分析の基礎とする近代哲学の伝統的スタイルから、「言語」を分析の基礎とするスタイルに変わっていったのである。その結果、精神や意識について直接何か言うタイプの哲学は、急速に時代遅れのものとなった。

「知識の理論」を例にとろう。知識の成立について説明する際に、近代哲学の伝統的スタイルでは、いかに「印象」や「観念」が精神の中に獲得・形成されるか、といった問題を取り扱う。他方、〈言語論的転回〉の洗礼を受けた哲学者たちは、「太郎君は『日本の首都は東京である』ということを知っている」とわれわれが言うのはどういうときか、というふうに、「知っている」や「知識」といった言葉の用法に細心の注意を払う。

こうした〈言語論的転回〉を果たす上で最も大きな影響を及ぼしたのが、二〇世紀最大の哲学者ルートヴィヒ・ウィトゲンシュタインである。彼は、六二年の生涯において、まったく異なる二つの哲学思想――ひとつは初期の著作『論理哲学論考』（一九二一年）に代表される思想であり、もうひとつは後期の著作『哲学探究』（一九五三年・死後の出版）に代表される思想である――を生みだしたが、そのいずれもが同時代の哲学に計り知れない影響を及ぼした。

まず、前期ウィトゲンシュタインの思想に影響を受けた哲学者たち――一九二〇年代後半に形成されたウィーン学団、および論理実証主義者たち――は、「形而上学の排斥」を訴え、伝統的な哲学的問題の多くを「無意味」なものとして抹殺しにかかった。

彼らはウィトゲンシュタインの『論理哲学論考』を聖典のように扱い、この本の最後に掲げられた「語りえぬものについては沈黙しなければならない」という言葉をモットーとした。彼らは『論理哲学論考』の思想を換骨奪胎し、次のように考えた。「語りうる」のは経験によって検証可能な命題（および数学と論理の命題）だけである。しかるに伝統的な哲学的命題の多くは経験によって検証することができず（また、それらは数学や論理の命題でもないので）、端的に「無意味」なものとして排除されるべきである。

そんな彼らにとって「心の問題」はグレーゾーンであった。自分の心はともかく、他人の心についてどうやって知るというのか（経験によって検証できるというのか）。

論理実証主義者たちは、一般には「心の状態」として語られている命題が、観察可能な行動についての命題と論理的に等価であることがいずれ判明するだろうと信じていた。すなわち、心理学におけるあらゆる主張は、人間や他の動物の身体的な振る舞いに関する主張として再定式化できると信じていたのである。

ここに見られる思想はまさに〈行動主義〉に他ならない（この文脈での〈行動主義〉は――〈行動主義心理学〉と区別するために――「論理的行動主義」と呼ばれることが多い）。哲学の分野においても、二〇世紀初頭に猛威をふるったのは、やはり〈行動主義〉だったのである。このような符合は、思想や科学の歴史においてはけっして珍しいことではないとはいえ、やはり不思議なものを感じる。

ウィーン学団を中心とする論理実証主義者たちの運動は、あっけなく終わった。彼らの掲げる極端なまでの検証主義に不整合な点が見つかったためでもあるが、中心人物であるウィーン大学哲学教授モーリッツ・シュリックの暗殺——一九三六年、元教え子のひとりによって射殺された——がターニングポイントになった。その後、台頭するナチスの弾圧から逃れるために、メンバーの多くがアメリカに渡っていった。

こうして前期ウィトゲンシュタインの影響を受けた哲学的ムーブメントは、とりあえずの終息を迎えたのであった。

しかし、これで終わりではない。二〇世紀前半の哲学におけるウィトゲンシュタインの影響には、第二波があるのだ。しかも今度は、彼の後期思想が影響の中心となるのである（ただしその影響は、第一波に比べて、それほど見えやすいものではない）。

オックスフォードの日常言語学派

論理実証主義に代わり、第二次世界大戦直後から一九六〇年代半ばにかけて大きな力をもったのは、「日常言語学派」と呼ばれるオックスフォードの哲学者たちの仕事であった。その仕事は、一九三〇年代からすでに若手研究者たちの間ではじめられていた。代表的な哲学者として、ギルバート・ライル、ジョン・オースティン、ピーター・ストローソンの三人を挙げることができる。

論理実証主義者たちと同じく、日常言語学派の哲学者たちも〈言語論的転回〉の洗礼を受けていた。

ただし、論理実証主義者たちが科学や数学で使用される概念の分析に重きを置いたのに対し、日常言語学派の哲学者たちは、われわれが日常的に用いる概念の分析を重視した。日常言語学派の哲学者たちにとって、哲学が探究すべき概念とは、われわれの日常的な生活の中に現れる概念に他ならなかった。

また、戦前の論理実証主義者たちと違って、戦後活躍した日常言語学派の哲学者たちは、いろいろな意味でクールだった。彼らはけっして「形而上学の排斥」などという大袈裟なスローガンを掲げることもなければ、「科学的世界像の構築」といった特定のイデオロギーを崇拝することもなかった。竹尾治一郎の『分析哲学の発展』によれば、日常言語学派の哲学者たちが共有したのは、文学や科学、芸術、歴史（哲学史も含む）の知識が、専門家としての彼らの仕事とは関係がない、という確信であった。彼らの仕事にとって最も大切なのは明瞭さや正確さであり、私心のない聡明さへの傾斜こそが唯一の哲学的美徳であった（このような――よく言えば「ストイック」、悪く言えば「偏狭」な――専門主義は、あとで見るように、二〇世紀後半の認知科学と著しい対比をなしている）。

だがこのことは、彼らの哲学が時代のコンテクストや（曖昧な表現をすれば）「空気」と無縁であったことを意味するわけではない。われわれはその事実の一端を、ライルの主著『心の概念』を通じて見ることになるであろう。

『心の概念』とカテゴリー・ミステイク

概念（言語）分析が主流となり、いささか物足りない感のある二〇世紀前半の心の哲学において、ライルの主著『心の概念』(一九四九年)は最大級の収穫であった。この作品が存在していなかったら、心の哲学にとって二〇世紀前半は本当に不毛の時代となっていたであろう。

この本の目的について、ライル自身が序文で次のように述べている。

「本書は、いくつかの留保つきではあるが、心についての理論と呼ばれてよいものを提供するものである。しかし、本書は心について何ら新しい情報を与えるものではない。

本書を構成する哲学的な議論によって意図されていることは、心についてのわれわれの知見を増やすことではなく、われわれが心についてすでにもっている知見の論理的地図を改訂することである」

非常に回りくどい、もって回った言い方であるが、日常言語学派の哲学者たちを率いたライルならではのニュアンスを味わってほしい。例えばこの引用から、ライルが「理論」を提供することに対してなぜか非常に慎重であることが伝わってくるであろう。ここには後期ウィトゲンシュタインの(「影響」とまでは言わないにしても)オーラが感じられる。ウィトゲンシュタインによれば、哲学的な「理論」を構築することこそが、哲学における混乱の最大の源泉であった。

さて、ライルの思想を理解する上で、キーワードが二つある。「カテゴリー・ミステイク」と「哲学的行動主義」である(そう、またしても〈行動主義〉なのだ)。

まずは〈カテゴリー・ミステイク〉である。この概念を説明するためにライルが用いた「オックスフォード大学案内」の例を見てみよう。

ある男がオックスフォード大学を訪れた。親切なガイドが彼を様々な場所に連れてゆく。クライスト・チャーチ、ボドリアン図書館、アシュモリアン博物館……物珍しそうな男の様子に、ガイドも得意満面である。さて、大学案内も終わりに近づいた頃、男はガイドにこう言った。

「なるほど。こいつぁ、立派なもんだ。で、『大学』ってのはどこにあるんで？」

この男が理解していないのは、「オックスフォード大学」というものが、男が見せられた様々なもの――クライスト・チャーチ、ボドリアン図書館、アシュモリアン博物館、等々――から成るのであって、それらのものと同列に置かれる何かではない、ということである。つまり、オックスフォード大学と、それを構成する様々な施設は、「カテゴリー」が違うのである。

ライルの手腕が見事なのは、一見ばかばかしく見えるこうした誤り――〈カテゴリー・ミステイク〉――を、デカルト的〈心身二元論〉と結び付けたところである。彼によれば、デカルト的〈心身二元論〉は精神と身体、あるいは精神的活動と身体的活動を同レベルのものとして扱ったが、これこそまさに、オックスフォード大学の例と同じ種類の混乱――〈カテゴリー・ミステイク〉――に他ならないのである。それはあたかも、脳の外科手術に立ち会った学生が、「先生、前頭葉や頭頂葉、側頭葉があるのは確認できました。でも、この患者の〈心〉は一体どこにあるんですか」と尋ねるくらいばかげている。

このような〈カテゴリー・ミステイク〉に由来するデカルト的〈心身二元論〉の誤りを、ライルは「機械の中の幽霊」という言葉で表現した。つまり、デカルト的〈心身二元論〉に従えば、精神は、空間的に存在せず、何らかの運動でも物質の変様でもなく、公共的な観察の及ばぬところに存在する何ものか――まさに「幽霊」――として、身体（「機械」）の中に住んでいることになってしまう。

ライルが「機械の中の幽霊」を退治するために主張したのは、次のことである。「精神的なプロセスが生じる」という表現は、「物質的なプロセスが生じる」という表現とはカテゴリーが異なる。したがって、これら二つを同列に並べて語ることには意味がないのである（〈カテゴリー・ミステイク〉になってしまう）。

ここまでは「デカルトの神話」に対するライル流の（かなり強烈な）批判であり、彼の思想の破壊的な側面である。しかし、彼の思想には創造的な側面もある。「デカルトの神話」を葬り去ったいま、彼がなすべきことは、精神についての語りと物質についての語りの間の関係を明らかにすることである。これが彼のいう「概念の論理的地図を改訂する」ということなのだ。彼はこうした試みの全体を、次のような美しい文章で表現している。

「神話は、むろん、おとぎ話とは違う。神話とは、あるひとつのカテゴリーに属する事柄を、実は別のカテゴリーが適切であるような表現の中で提示することである。したがって、神話を暴くことは事柄そのものを否定することではなく、その事柄の位置を改めて正しく定め直すことである」

ライルにとって、事柄の位置を正しく定め直すための方法論が、〈哲学的行動主義〉なのである。

哲学的行動主義

ここまで読み進めてきた読者であれば、〈哲学的行動主義〉の要点を難なく理解することができるであろう。〈哲学的行動主義〉の方法とは、心的状態やプロセスについての言明を——「機械の中の幽霊」に訴えて説明するのではなく——人間の行動（およびその傾向性）についての言明に置き換えることである。

例えば、「理解」を例にとろう。比較のために、まずは「機械の中の幽霊」に訴える形の説明をお見せしたい。

人々が何かを「理解した」と言うとき、それは何か「頭の中」で起こっている出来事を指しているように思われる。例えば、私が「アインシュタインの相対性理論を理解した」と言うとき、アインシュタインの相対性理論の内容が私の頭の中にすぽっと入る、という感じの出来事を記述しているような気がする。このような意味で、「理解」とは、「頭の中」で起こる出来事なのだ、と言いたくなる。

今度は〈哲学的行動主義〉流に説明してみよう。

人々が何かを「理解した」と言うとき、それは「頭の中」で何らかの出来事が起こっていると述べているのではない。私が「アインシュタインの相対性理論を理解した」と言うとき、その言葉が意味しているのは、相対性理論を使ってきちんと計算することができるとか、（もっと直接的に）「アインシュタインの相対性理論について説明しなさい」という問題に答えることができる、ということである。「理解」とは、何か「頭の中」で起こる出来事ではない。

このような説明の仕方は、ウィトゲンシュタインが『哲学探究』の中で「数列の理解」について述べたことを思い起こさせる。

「理解を『心的な出来事』などとはけっして考えるな！　なぜなら、それはあなたを混乱させる語り方なのだから。代わりにこう問え。どのような場合に、どのような状況下で、われわれは『いまや私はその（数列の）先を知っている』と言うのか、と。

理解に特徴的な出来事（精神的な出来事も）が存在するという意味では、理解は精神的な出来事ではない」

　こうした類似点から、ライルと（後期）ウィトゲンシュタインは〈哲学的行動主義〉を代表する哲学者とみなされることが多い。ワトソンと同様に、心の説明において「内的なもの」を忌避する姿勢も彼らに共通している（ただし彼らは、ワトソンと違って、「内的なもの」をまったく無視したわけではない）。

　こうして振り返ると、二〇世紀前半の哲学が、いかにウィトゲンシュタインの哲学――多くはその「誤読」であるのだが――と〈行動主義〉の影響を受けていたかがわかるであろう。さらに前章で見た〈行動主義心理学〉と併せて考えるなら、〈行動主義〉がいかに二〇世紀前半の心身思想を支配していたかがよくわかる。

　そして二〇世紀前半を支配した〈行動主義〉を踏み台にして、二〇世紀後半の心身思想は華麗に羽ばたくのだ。

　――「認知革命」の足音は、すぐそこまで近づいている。

「認知革命」前夜

　一九四八年九月、カリフォルニア工科大学のキャンパスで「行動における大脳の機構」と題する学会が行われた。ヒクソン財団が後援したこのシンポジウムは、二〇世紀後半の心身思想を席巻する「認知科学」の出発点となった出来事である。

　この学会の当初のテーマは、「神経系はいかにして行動をコントロールするのか」という専門的・

限定的なものであったが、実際に行われたディスカッションは、それよりはるかに広範囲にわたった。最初の発表者ジョン・フォン・ノイマン――ハンガリー生まれの数学者。純粋・応用を問わず数学の様々な分野で輝かしい業績を挙げ、現代的コンピュータの基本設計にも貢献した――は、コンピュータと脳を比較するという驚くべきアイデアを提示した。

次にアメリカの神経生理学者ウォーレン・マカロックは、「なぜ心は頭の中にあるのか」という挑戦的な表題――読者にはそのニュアンスを感じとってほしい――のもとで、脳の情報処理に関する発表を行った。彼は一九四三年、論理学者ウォルター・ピッツとともに、神経ネットワークが論理学によってモデル化できること、すなわち、神経ネットワークをコンピュータとみなしうることを示したが、この発表においても、神経系と論理的演算の間の対応を強調した。

三番目に登場したのは、アメリカの心理学者カール・ラシュレーであった。彼の発表は「行動における系列的秩序に関する問題」という、（マカロックの発表の表題と比べると）控え目なタイトルのものであったが、この発表こそが、過去数十年にわたって心理学研究を支配してきた〈行動主義〉に対して挑戦状を突きつけたのである。ラシュレーがワトソンの弟子であったことを考えると、この事実はいささか皮肉でもある。

ラシュレーは発表の趣旨をこう述べた。

「今回、私が主に主張したいのは、次のことです。インプットは無活動な、ないし静的なシステムに入ってゆくことはけっしてなく、すでに活発な興奮状態にあり、組織化されたシステムの中に入ってゆくのです。

完全な状態の生物において、行動とは、この興奮状態のバックグラウンドが、ある特定の刺激からのインプットと相互作用した結果なのです。

この興奮状態のバックグラウンドに関する一般的な特徴を述べることができてはじめて、われわれはあるインプットがもたらす効果を理解することができるのです」

この発言だけを見ても、ラシュレーが〈行動主義〉の枠組みから抜け出そうとしているのがわかる。ラシュレーは、〈行動主義〉の教義に反旗を翻して、いわば「頭の中」に直行すべきだと説いたのである。ワトソンのような行動主義者にしてみれば、刺激を受けるのに先立って「興奮状態のバックグラウンド」があることなど、到底認めることのできないアイデアであった。

ラシュレーは前置きを済ませると、すぐさま言語の話題に移った。これも〈行動主義〉の伝統からすると、意表を突く論の進め方であった。なぜなら、言語は人間行動の中でも特に複雑であり、行動主義者たちがあまり手をつけたがらない話題だったからだ。しかしラシュレーは、人間行動に関するどのような理論も、いずれは言語のような複雑な行動に立ち向かわねばならないことを強調した。

「明らかに言語は、最も目立つ形で、大脳皮質の特徴である統合的な機能を示しています。このような統合的な機能は、人間の思考プロセスにおいて最も高度に発達しています」

ラシュレーは、彼自身〈行動主義〉の伝統に連なる者として、「まずは単純な行動から」という〈多くの行動主義者たちがとった〉研究方針に異を唱えるわけではなかった。だが、単純な行動についての研究で得たモデル――例えば、〈刺激〉・〈反応〉のモデル――を人間行動の全体に当てはめ、人間行動の本質をゆがめることに対して警鐘を鳴らしたのだ。

ヒクソン・シンポジウムの出席者たちは、ラシュレーの議論の独創性と鮮やかさに深い感銘を受けた。しかも、そのような革命的な議論が〈行動主義〉の伝統と深くかかわりのある研究者の口から出てきたことに、二重に驚いた。シンポジウムの出席者たちは惜しみない称賛をラシュレーに送った。批判を覚悟していたラシュレーは、発表後の討論の中でこう述べている。

「私は、本日いただいた称賛の声に、かえって困惑してしまいました」

シンポジウムに出席した誰もが「新しい時代」の幕開けを予感していた。

認知科学の誕生

ヒクソン・シンポジウムは、一九四〇年代、五〇年代において「認知」――マカロックの言葉を借りれば、「頭の中」で生じるプロセス――を重視する科学者たちの間で開かれた多くの学会のうちのひとつであった。このシンポジウムの歴史的な重要性を、ハワード・ガードナーは『認知革命』の中で二点挙げている。すなわち、第一に、脳とコンピュータを結びつけたこと、第二に、当時主流の〈行動主義〉に果敢に挑んだことである。

その後も同様の趣旨の学会やシンポジウムがあちこちで開催され、認知を研究する科学、すなわち認知科学は、誕生の瞬間を待つばかりとなった。

認知科学が「正確に」いつ誕生したのかについては、歴史家によって諸説あるし、諸説あるのがむしろ当然であるように思われる。また、それらの諸説のうち、どれが「正しい」ものであるかを議論することにさして意味があるとも思えないので、ここでは最も明快な意見に素直に同調しておくのがよいであろう。

アメリカの心理学者ジョージ・ミラーは、認知科学の誕生日を一九五六年九月一一日に確定している。では、なぜこの日付なのか。

ミラーが着目しているのは、一九五六年九月一〇日から一二日まで、マサチューセッツ工科大学で開催されたシンポジウムである。中でもミラーが二日目を重要視しているのは、この日に認知科学の誕生を考える上で重要な二つの発表があったからである。ひとつは、アレン・ニューウェルとハーバート・サイモン――ニューウェルはアメリカの情報科学者。サイモンはアメリカの政治学者、経済学者、社会学者、心理学者、情報科学者――が発表した「ロジック・セオリー・マシン」についての論文であり、もうひとつは、アメリカの若き天才言語学者ノーム・チョムスキーが発表した「言語記述のための三つのモデル」に関する論文である。

ニューウェルとサイモンのチームは、「ロジック・セオリスト」という名のプログラムを開発し、コンピュータに数学の定理（ホワイトヘッドとラッセルが著した『プリンキピア・マテマティカ』の中の定理）を証明させることに成功した。彼らは、コンピュータが膨大な量の数値計算を素早く行うだけの「高級電卓」ではなく、記号にかかわるあらゆる問題を解くことのできる機械ではないか、と考えていた。

このような発想は、当時としては革新的なものであったが、現代のコンピュータ社会に生きる読者には何ら新鮮味はないであろう。だが、ニューウェルとサイモンが次のことを強調していたのは重要である。彼らが目指したのは、単にコンピュータに力づくで数学の定理を解かせることではなく、人間がしているような仕方で問題を解かせることであった。つまり彼らに言わせれば、ロジック・セオリストは、人間による問題解決と同じ手続きで定理を証明したのである。

その真偽についてはともかく、ニューウェルとサイモンの発表が、のちの「人工知能」研究の礎になったことは間違いない。

もうひとつのチョムスキーの発表については手短に触れるにとどめよう。彼についてはあとでまた述べることがあるからだ。

チョムスキーの発表原稿は、一見すると数学の論文のようで、とても言語学の論文とは思えないほどである。だが、彼はこの発表の中で、彼の名を有名にした「変形生成文法」に基づく文法記述のアプローチを示し、言語が数学的・形式的厳密さをもっていることをシンポジウムの出席者たちに鮮やかに印象付けた（チョムスキーについては、いまはこのくらいにしておく）。

ミラー自身もシンポジウムの二日目に登場している。彼はそこで有名な「魔法の数七」――ミラーの名を永久に心理学の歴史に刻むことになるであろう発見――に関する発表を行ったのである。シンポジウムの同年、彼は『サイコロジカル・レビュー』誌に「魔法の数七プラスマイナス二」というチャーミングなタイトルの論文を発表した。それによれば、複数の項目を瞬間的に記憶する能力（短期記憶）は、七項目くらいで限界点を迎えるという。すなわち、七項目以下であれば、人は簡単に記憶することができるが、それ以上になると、とたんに覚えきれなくなってしまうのである（もちろん、複数の項目を「ひとまとめ」にすることで、覚えやすくすることは可能である）。

歴史的な背景（特に二〇世紀前半の〈行動主義〉の影響力）を踏まえなければ、ミラーの発見も単なる雑学のひとつとして、「へえ、面白いや」で済まされてしまうかもしれない。だがこの発見は、認知心理学の誕生にとって決定的な一撃となったのだ。

ミラーの（見たところ単純な）発見のどこがそんなに衝撃的だったのか。第一に、「七」という数が単なる偶然ではない、ということである。つまり、それが人間の情報処理容量の純粋な限界値を表している、ということだ。第二に――第一の点と関連して――それが人間の心のシステムに何らかの「基本法則」が存在する可能性を示唆していることである。

いずれにしても、魔法の数七のような「心に組み込まれた限界」の存在は、行動主義者たちにとっては悪夢のような話であった。というのも、外側に表れる〈刺激〉と〈反応〉だけを研究対象とする〈行動主義〉にとって、そんな限界の存在は説明不可能だからだ。

このように（すべてを網羅することはできなかったが）、一九五六年前後に、情報科学、心理学、言語学などの様々な分野で「認知」（「頭の中」のプロセス）を重視する研究が次々に現れ、〈行動主義〉の教義に挑戦していった。この潮流はいわば、（ワトソンや哲学的行動主義者たちが忌避した）「内的なもの」への回帰である。われわれは〈行動主義〉の暗いトンネルを抜け、人間の心に直接アプローチする「認知主義」に到達したのだ。

だが、「認知科学」とは結局何なのか

この辺であなたはこう尋ねるかもしれない。

「なるほど。心理学や言語学、コンピュータ科学などで『認知』を重視するアプローチが次々に登場

してきたのはわかった。また、それらが〈行動主義〉の教義に異を唱えるものであることもわかった。だが、私はまだ『認知科学』が何なのかを教えてもらっていない。いままでの話のどこに『認知科学』が出てきたのかね？」

興味深いことに、この問いは〈カテゴリー・ミステイク〉の一例となっている（ここでライルの概念をもちだすのも皮肉な話だが）。というのも、認知科学とは、哲学、心理学、言語学、人工知能研究、神経科学、人類学といった様々な学問から成る「学際的」分野の総称だからである（このことを強調するために、「認知諸科学」と言うこともある）。

しかしこのことは、認知科学が単なる諸学問の寄せ集めに過ぎない、ということを意味しない。「認知科学」を標榜する諸学問は、それぞれの個性を保ちながら、いわば「家族的類似」――部分的な共通性をもつ緩やかなつながり――を示している。そこでここでは、こうした「類似」のうち、特に顕著なものを二つだけ挙げることにしよう。

キーワードは、「表象」と「コンピュータ」である。

まずは〈表象〉である。随分いかめしい概念が出てきたものだが、とりあえず哲学的な含みは脇に置いておいてよい。認知科学では、記号、シンボル、イメージといったものの総称として「表象」という言葉を用いるのである。

われわれはすでに、認知科学は「頭の中」で生じる認知のプロセスに関心を寄せている、ということを見てきた。つまり、認知科学は、認知のプロセスが実在することを（大なり小なり）仮定している。そして、この認知のプロセスにおいて操作されるものを「表象」と呼ぶのである。

例えばあなたが、冷蔵庫にしまっておいたプリンのことを考えているとする。このとき、あなたの「頭の中」には、冷蔵庫の中のプリンを指すシンボル（記号、イメージ）がある、と認知科学では想定するのだ。この「頭の中のシンボル」こそが〈表象〉である。つまり〈表象〉とは、心が（認知のプロセスにおいて）操作するシンボルのことである。

こうした考え方そのものは、人間は頭の中でイメージを形づくり、シンボルを操作する、と日常生活の中で述べることとさほど変わらず、取り立てて目新しいものではない。だが、〈表象〉のレベルを「理論的に」認めるか否かは、研究方針に決定的な違いをもたらす。

認知科学では〈表象〉のレベルを認め、なおかつ人間の思考を説明する上で最も適切なレベルは、この〈表象〉のレベルに他ならない、と考える。したがって、〈刺激〉と〈反応〉が認知科学の説明レベルとしては不適切なのはもちろん、意外なことに、神経細胞や神経システムのレベルも、認知科学の説明レベルとしては（基本的に）不適切だ、ということになる（このことが時折、神経科学と他の認知諸科学の間で一種の緊張を生みだす遠因となっている）。

認知科学者たちは、むろん、心的なプロセスが脳および神経システムにおいて物理的に実現されている、という自明の理を受け入れている。しかしながら、心の働きを理解する上で最も有意味なのは〈表象〉のレベルであって、神経系のレベルではないのだ。このことは、コンピュータの働きを理解する上で、個々の物理的な機械部品（ハードウェア）に重きを置くのか、それとも、ハードウェアによって実行されるプログラム等（ソフトウェア）を重視するのか、という違いに似ている。認知科学が重視するのは、いわば「ソフトウェア」としての心の働きであって、「ハードウェア」としてのそれではない。

ちょうどよいタイミングで次のキーワードであるコンピュータの話になったので、もうひとつの類似点に移ろう。

認知科学においてコンピュータは、二重の役割を担っている。第一に、コンピュータは人間の思考のモデルとして扱われる。第二に、他の自然科学と同様、コンピュータは膨大な量のデータを分析したり、現象のコンピュータ・シミュレーションを行ったりする上で大変有用である。第二の点は認知科学に限った話ではないので、ここでは第一の点に集中することにしよう。

コンピュータが人間の思考のモデルになる、とはどういうことか。

これまで――コンピュータの出現以前――は、人間の思考に少しでも近い働きをするものは存在しなかった（例えば、「ポンプが心臓に近い働きをする」という意味で）。もしコンピュータが推論したり、目的をもったり、自己の行動を修正したり、情報を変換したり、といったことを実際に行えるとしたら、人間の認知メカニズムをコンピュータと同じようなものとして特徴づける上で、説得力が増すであろう。現実に動くコンピュータは、認知の理論が単なる机上の空論ではなく、リアリティをもつことを証明してくれるのである。

コンピュータと〈表象〉の関係も見逃してはいけないポイントである。ニューウェルとサイモンがすでに考えていたように、コンピュータとは――「計算機」という本来の名前とは裏腹に――本質的に記号（シンボル）を操作する機械である。したがって、もし心が一種のコンピュータとみなせるのなら、操作の対象となるシンボルが必要になる。そこで再び〈表象〉という考え方が必要になってくるのである。つまり、コンピュータとしての心が操作する対象としての〈表象〉、というわけだ。

このように、認知科学において〈表象〉とコンピュータが果たす役割は、極めて緊密にかみ合っている。「心の表象理論」と「心のコンピュータ的理論」という二つの柱の上に、認知科学という巨大な知的建造物が立っているのである。

付言しておくと、認知科学者のすべてが「心の表象理論」と「心のコンピュータ的理論」の両方を完全に受け入れているわけではない。〈表象〉という考え方は受け入れるが、心がコンピュータであるという考え方を受け入れない認知心理学者も多くいる。また、〈表象〉のレベルという考え方にしても、その本性や実在性の度合いについては、理論家によってまちまちである。

このような細部の違いはありながらも——ある種の「家族的類似」のゆえに——「認知科学」とか呼びようのない学際的領域が確かに存在するのだ。あまり仲のよい家族とは言えぬかもしれないが、それは現実の家族でもしばしばそうである。

行動主義の落日

認知科学の隆盛とともに、二〇世紀前半を支配した〈行動主義〉は急速にその影響力を失いつつあった。その象徴的な事件のひとつを紹介しよう。

一九五七年、二〇世紀半ばを代表する偉大な行動主義心理学者スキナーは、『言語行動』と題する作品を発表した。スキナーは人間の言語行動を、例によって、〈刺激〉・〈反応〉の連鎖と強化の法則によって説明しようと試みた。スキナーは、ヒクソン・シンポジウムでラシュレーが注意を払ったような、言語の複雑な構造的側面をほとんど無視していた。

チョムスキーはスキナーの本に対する書評（一九五九年）の中で、スキナーの方法論に容赦ない批判を加えた。言語の創造的側面および無限の産出性――つまり、文法的知識を身につけた話者なら誰でも、一度も見たり聞いたりしたことのない（母国語の）文を理解したり話したりすることができるし、（原理的には）無限の長さの文字列を産出することができる――を固く信じるチョムスキーにとって、たまたま存在している外的な〈刺激〉によって言語的〈反応〉が限定されると考えるのはばかげたことであった。チョムスキーはこう述べている。

「スキナーは確信をもって、また再三にわたり次のことを示したと主張している。（言語行動における）話者の貢献はかなり瑣末で単純なものであるということ、そして言語行動の精密な予測は、（彼が下等動物の実験で取り出したような）いくつかの外的なファクターを特定することだけで事足りる、ということである。

だが、スキナーの本（およびこの本が依拠する研究）を注意深く検討すれば、これらの驚くべき主張がけっして理にかなったものではないことが明らかになる。また、この本を詳しく検討すれば、強化の理論家（行動主義者）が実験室で得た洞察は――至極まっとうなものだが――最も粗雑で表面的な仕方でしか複雑な人間行動に当てはまらない、ということも示される」

つまりチョムスキーによれば、スキナー流の言語行動の分析は的外れであり、最も重要なファクターを見落としている、というわけだ。

チョムスキーの言語思想の根底にあるアイデアは――まるで子どもたちの「どうして？」のように

――平易でありながら大変深い内容をもっている。

――どうして人間の子どもは、不完全な言語データと経験（たいていは両親との会話）しか与えられていないにもかかわらず、驚くべきスピードで話せるようになるのか。

――どうしてわれわれは、これまで一度も読んだり聞いたりしたことのない文や会話を理解したり話したりすることができるのか。

――どうして人間の言語では、「大きなカブを引っ張るおじいさんを引っ張るおばあさんを引っ張る孫娘を引っ張るイヌを引っ張るネコを引っ張る……」のような（可能）無限の文字列を産出することができるのか。

こうした疑問に答えるために、チョムスキーは次のような仮説を立てた。言語は人間がもって生まれた、すなわち生得的な（脳に組み込まれた）能力である。そしてこのような人間の言語能力・文法知識を説明するために、チョムスキーは〈生成文法〉の理論を提唱したのであった。

この「大事件」は言語学上の出来事に過ぎなかったが、スキナーという〈行動主義〉の大家を完膚なきまでに批判したために、結果的に〈行動主義〉全体の凋落につながった。

いま振り返ってみると、チョムスキーによるスキナー批判が正鵠を射たものであったかどうかはあまり明らかではなく、〈行動主義〉全体に対する批判も、やや拙速であるように思われる。しかし、時代がチョムスキーに味方したのは間違いないことである。それほどまでに強く「認知革命」の風が吹き荒れていたのだ。この颪に押し流されて、〈行動主義〉は（ひとまず）その歴史的役割を終えたのである。

われわれはもう十分に「認知革命」について見てきた。そろそろ革命以後の心身理論について述べるべきだろう。われわれの物語も、終わりに近づきつつある。

心脳同一説

〈行動主義〉から〈認知主義〉——または、「外的なもの」から「内的なもの」——への揺り戻しは、むろん、哲学の分野でも起こった。

その第一波は、〈心脳同一説〉としてやってきた。この説は、一九五〇年代から六〇年代にかけて、プレイス、スマート、アームストロング、ファイグルなど、多数の哲学者たちによって提唱されたものである。

あなたが〈心脳同一説〉の支持者かどうかを判定する（完全ではないが）よいテストがある。次の例を考えてみよう。

とある不気味な実験室で、あなたは麻酔をかけられ、ベッドに横たわっている。その横には見知らぬ男性（仮にX氏とする）が、やはり麻酔をかけられベッドに横たわっている。明らかに様子のおかしい科学者があなた方二人に近づき、恐るべき手術をはじめた。彼は——ああ、何ということだ！——あなた方二人の脳を取り出し、あなたの脳をX氏の頭に移植し、X氏の脳をあなたの頭に移植したのだ。

ここで質問である——「あなたは一体、どっちなのか？」。

この質問に対し、「私はX氏の身体をもつ（私の元々の脳が移植された）ほうである」と答えたあなたは、〈心脳同一説〉の支持者たる資格が十分にある。逆に、何らかの理由（例えば、「心は心臓に宿る」と信じているなど）で、「私は元の私の身体をもつ（X氏の脳が移植された）ほうである」と答えるなら、あなたは〈心脳同一説〉の支持者ではないはずだ。もっとも、現代人の多くは前者のように答えるのではないかと推測される。この意味で〈心脳同一説〉は、現代の新しい神話になりつつある。

だが、もう少し〈心脳同一説〉の内実を確認しておいても損はないであろう。なぜならこの説は——一般的な支持者の多さにもかかわらず——一体何を意味しているのか、謎の部分も多いからだ。とりわけ、「同一である」ということで何を意味しているのか、あまりはっきりしないことが多い（ただし、さきほどのテストによる直観的な理解で十分だ、という読者は次の節まで飛んでもよい）。

こうした点に関しては、ハーバート・ファイグルが著書『こころともの』の中で比較的きれいな定式化を与えている。彼によれば、われわれが「同一である」ということで意味しているのは、「ひとつの対象に対して二つのラベルを貼っている」ということに過ぎない。例えば、われわれは「明けの明星は宵の明星と同一である」に同意するわけだが、これは「ひとつの対象（＝金星）」に対して、「明けの明星」と「宵の明星」という二つのラベルを貼っている」ということに過ぎないのである。

この考え方が心身理論にどのように活かされるのか。

ファイグルによれば、〈心脳同一説〉は、われわれが主観的に経験すること（例えば、痛みの感覚）は、神経生理学が神経系のプロセスとして記述することと同一である、と主張する。言い換えると、われわれがもつ主観的なラベル（例えば「痛み」）と、神経生理学の客観的なラベル（例えば「神経線維Xの興奮」）が、同一の対象（神経系で起こる何事か）に貼りついている、というわけだ。

ファイグルは自分の説を「二重知識説」（または「二重接近説」）と呼んでいる。同一の対象について、二つの「知り方」（または「近づき方」）がある、という意味である。

こうした見方に立てば、われわれが心について語るとき、われわれはある意味で「内的な出来事」について語っているのだという――〈行動主義〉が忌み嫌った――素朴な直観を救い出すことができる。ライル先生には申し訳ないが、心について語ったからといって、それが即「機械の中の幽霊」について語ることにはならないのだ。われわれは単に「機械」について語っているに過ぎない。

このように、認知主義的な仕方で〈行動主義〉を乗り越えようとした〈心脳同一説〉であるが、あと知恵で考えれば、「慌てて登場してしまった」感が否めないのも事実である。すぐに見るように、〈心脳同一説〉は極めて過渡的な思想なのだ。

われわれは「抽象の階段」を一段上がらねばならない。その抽象化の先に〈機能主義〉という驚くべき心身思想が待っているのである。

認知主義の申し子・機能主義

数多くの哲学者たちが〈機能主義〉哲学に貢献しており、代表的な思想家を挙げるのは非常に困難である。ここでは（一九八〇年代くらいまでの）哲学者ヒラリー・パトナムと、「まったき機能主義者」ジェリー・フォーダーの名前を挙げるにとどめよう。

〈心脳同一説〉における「脳移植」の例と同様、あなたが〈機能主義〉の支持者であるか否かを判定するよいテストがある。次の例を考えてみよう。

またしてもあなたは麻酔をかけられ、ベッドに横たわっている。例の科学者があなたに近づき、恐るべき手術をはじめた。彼は――ああ、何ということだ！――あなたの脳から数本のニューロン（神経細胞）を抜き取り、その代わりにシリコン製の人工ニューロンを移植したのだ。

ここで質問である――こうした（気の遠くなるような）手順を繰り返し、あなたの脳が完全に「シリコン製」になったとき、それでも「あなた」はそこにいるのだろうか。つまり、「あなた」は「あなた」でありつづけるだろうか。

この質問に対し、「それでも私はそこにありつづける」と答えたあなたは、〈機能主義〉の支持者たる資格が十分にある。逆に、何らかの理由で「私はそこにはいない」と答えるなら、あなたは〈機能主義〉の支持者ではない可能性が高い。

この例が示しているように、〈機能主義〉の根本哲学は、こうである。

――「何からできているのか」（素材）は問題ではない。「どんな〈機能〉をもつのか」が問題だ。

例えば「時間を計る」という〈機能〉は、アナログ時計でもデジタル時計でも実現可能である。だがむろん、アナログ時計とデジタル時計は、物理的にはまったく異なる性質をもたねばならない（デジタル兼アナログ時計は考慮から外すことにしよう）。

また、私のパソコンで作動しているワープロ・ソフトは、（おそらく）あなたのパソコンでも作動するだろう（それどころか、他の無数のパソコンでも作動するだろう）。しかし、厳密にいえば、私のパソコンとあなたのパソコンは、物理的には異なる性質をもっている可能性が高い（同じ商品でなければ）。だが、私のパソコン上で実現している様々な〈機能〉は、（おそらく）あなたのパソコン上でも実現できるはずである。

このように、あるひとつの〈機能〉は複数の物理的条件下で実現しうるのである。〈機能〉一般がもつこの性質はあまりにも重要なので、哲学者たちはそれに「多形実現性」という特別な名前をつけた。この言葉を用いれば、〈機能主義〉の哲学は次のように述べられる。

——心は〈多形実現性〉をもつ。

すなわち、タンパク質をたっぷり含む人間（や動物）の脳のみならず、まったく異質な物質でできた異星人の脳（的な物体）でも、シリコン製の「人工脳」でも、心（精神）は実現可能かもしれないのである。

これまでの物語を追ってきた読者なら、認知科学と〈機能主義〉の思想的近さを容易に見抜くことができるであろう。実際、もしコンピュータが「思考」できるのなら、それは明らかに〈機能主義〉の証明になっている。

映画やアニメなどで「人造人間」や「ロボット」といったアイデアに慣れ親しんでいる現代人には、〈機能主義〉の哲学もさほど新鮮味はないかもしれない。だが、フィクションとして受け止めることと、理論的な可能性として真剣に受け入れることとは、まったくの別問題である。

可能性としてはどうなのだろうか。例えば、義足や人工心臓は、「走ること」や「全身に血液を送り出すこと」といった〈機能〉を立派に果たしている。そうであれば、「人工脳」だけが不可能であると考える理由はないであろう。それとも、タンパク質でできたわれわれの脳でしか精神を実現できない理由があるのだろうか。だが、そのような考えは一種の神秘主義、「タンパク質信仰」であるように思われる……。

むろん、実際的な問題としては、「人工脳」は不可能だ、ということもありうるだろう。だが、ここで検討しているのは、あくまで理論的な可能性である。この理論的な可能性をとことん追求して、なおかつ真剣に受け入れるとどうなるのだろうか。それを次に考えてみよう。

唯物論的形而上学

わかりやすくするために、時折〈心身二元論〉と対比しながら話を進めたい。

心の〈多形実現性〉を許す〈機能主義〉においては、心は原理的に「複製可能」である。実をいえばこれは、〈心脳同一説〉も含めて、心の存在を認める〈唯物論〉哲学のすべてに共通する帰結である。素粒子レベルで複製された脳は、現代物理学によれば、互いに区別する根拠をもたないからだ（すなわち、文字通り「同一」であると考えてよい）。

デカルト的な〈心身二元論〉ではどうだろうか。非物質的・非空間的な精神は「分裂」することがありえないので、あなたの脳の複製をつくったとしても、そこに「あなた」は存在しない可能性が高い（「では誰が存在するというのか」――私は知らない）。何らかの神がかり的な方法で非物質的・非空間的な精神を複製できれば別だが、〈心身二元論〉では心は複製不可能である、と考えるのが一番もっともらしい。

だが、「心が複製可能である」というのも奇妙な話である。例えば、あなたが眠っている最中に、例の科学者があなたの寝室に忍び込み、あなたの複製をつくって、それを自宅の研究室にもち帰ったとしよう。あなたは一体、どこで目を覚ますのだろうか。いつも通りあなたの寝室で目を覚ますだろうか、それとも、見たこともない研究室の中だろうか。

この例をより完璧なものにしたければ、次のように考えるとよい。科学者は眠っているあなたを誘拐し、研究室にもちこんだ。そこであなたの身体的データを（素粒子レベルで）完全に記録し、あなたの身体を跡形もなく「破壊」する。その上で、あなたの複製を二体つくりだし、研究室Aと研究室Bに置いておく。「あなた」は一体、どっちの研究室で目を覚ますのだろうか。「あなた」は一体、どっちの個体なのか。

この問題に対する〈心身二元論〉の解答はいたってシンプルである。あなたの精神（魂）があるほうが、あなたである。あなたの精神がないほうは――どれほど身体的にあなたに似ていようと――あなたではない（再び問おう。「だから、それは一体誰なのか」）。

このように考えると、「死とは何か」という問題にも新たな光が当てられる。

デカルトは時折、「魂の不死」をほのめかした。〈心身二元論〉によれば、精神と身体は別物だから、身体が滅んだからといって、精神まで滅ぶと考える必然性はない。もっとも、身体が滅んだあとの精神がどうなるかは、定かではない。幽霊のようにその辺に漂うのか、それとも死後の世界があるのか、確かめようのない話である（死ぬまでは）。

一方、〈機能主義〉は――建前上は〈唯物論〉の系譜に属するから――心を〈機能〉的に実現している脳（身体）が滅べば、やはり精神も一緒に滅ぶと考える。だが、悲観（?）するのはまだ早い。〈唯物論〉には「複製可能性」が残されているからだ。あなたの死後、何らかの偶然によって（あるいは、狂った科学者の手によって)、あなたの死の直前の脳が複製されたなら、あなたは「復活」するではないか(あなたは「あなたが死んだ」ことも知らないはずである)。

一体全体、〈唯物論〉にとって「死」とは何なのか。それは、ある物理的な状態から別の物理的状態の間に横たわる「情報的な途切れ」に過ぎないのか。死んだ人たちは、どこに行ってしまったのだろうか。その「情報的なパターン」だけは、いまもどこかに「存在」しているのだろうか——。

二〇世紀後半と機能主義

二〇世紀後半の心身思想を席巻したのは〈機能主義〉であった。ただし、ここで〈機能主義〉を二つに分けておくと、より正確になる。ひとつは、〈多形実現性〉の哲学に力点を置く〈機能主義〉であり、もうひとつは、「認知理論」としての〈機能主義〉である。心身問題に深くかかわるのは、どちらかといえば前者の〈機能主義〉であり、これまでの話も前者に焦点を合わせている。

前者の〈多形実現性〉の哲学に力点を置く〈機能主義〉に関しては、相変わらず根強い支持を集めている。表立って脳の物理的複製が不可能であると主張する論者は、ほとんどいない(コンピュータでは無理だ、という論者ならたくさんいる)。これは、二〇世紀思想が——紆余曲折はありながらも——結局は〈唯物論〉の時代だった、ということの端的な表れである(ノーベル生理学・医学賞を受賞したオーストラリアの神経生理学者ジョン・エックルスと二〇世紀を代表する科学哲学者カール・ポパーは二元論的な〈相互作用説〉を提唱したが、これはむしろ例外的なケースである)。

後者の「認知理論」としての〈機能主義〉は、初期の段階から批判にさらされてきたし、今後もさらされつづけるであろう。なぜならそれは、単に哲学であるにとどまらず、常に経験の裁きにかけられねばならない、科学理論でもあるからだ。例えば、〈表象〉の本性、心とコンピュータの関係といった問題は繰り返し論じられてきた。哲学者ジョン・サールや数学者・物理学者ロジャー・ペンローズによる「人工知能批判」を耳にしたことのある人も多いかもしれない。だが、これらは幾分テクニカルな話題を多く含む上、われわれが見てきたような心身問題の物語に直接影響するところは少ない。

しかし、こうしたテクニカルな論争の中からも、われわれの常識を覆すような驚くべき心身思想が登場してきたのである。事実、それは文字通りわれわれの「常識」を破壊することを目的としたものであり、それが真実であれば、われわれの心身問題の物語は終焉を迎えることになるであろう。

それは終焉の物語か――〈消去主義的唯物論〉の哲学を紹介する。

消去主義的唯物論

本書の理解度テストではないけれども、ひとつクイズを出そう。

問い――デカルトから現代まで心身問題の物語を見てきたが、ワトソンの〈行動主義〉だけが明確に行ったことは何か。

答え――「精神は存在しない」と主張したこと。

これは――ばかばかしく思われるかもしれないが――心身問題の盲点である。デカルト以来、心身問題は、「精神と身体の間の関係をどう考えるか」とか、「精神を物理的世界にいかに位置づけるか」といった形で考えられてきたが、「精神は存在しない」と公式に断言したのは、これまで見た中ではワトソンただひとりである（興味深いことに、「物質は存在しない」と断言する哲学者はいた）。この点においては、ラ・メトリでさえも曖昧である。彼は、あるときは「魂」という言葉は使うべきではないと言い、またあるときは、精神は物質の属性であると言った。

これは現代の唯物論者たちにも共通する困難である。例えば、最近では〈性質二元論〉という考え方がある。デカルト流の古典的な〈実体二元論〉と異なり、〈唯物論〉を前提としながらも、精神的性質の物理的性質への「還元不可能性」——精神的性質は物理科学の言葉では説明不可能——を主張する説である。だが結局、その還元不可能であるところの精神的性質とは一体何であり、どのような存在論的身分をもつのか。これが〈唯物論〉の一種であるというのは、単に言葉の上でのことに過ぎぬのではないか。

エックルスやポパーが指摘したように、結局、真に首尾一貫した〈唯物論〉は、精神の存在そのものを認めない形でしかありえないのかもしれない。だが、この道を行く哲学者はほとんどいない。心の存在そのものを否定するなど、あまりにもばかげた選択肢であるように思われるからだ。

この険しい道を進んだひとりが、哲学者ポール・チャーチランドである。

チャーチランドが目をつけたのは、われわれの「日常的な心についての語り」、すなわち、哲学者たちが〈民間心理学〉と呼ぶものであった。われわれは日々の暮らしの中で、自分や他人の心について（ほとんど無自覚的に）語っている。例えばこんなふうに。

「どうしてあんなひどいことを言ったんですか」

「そのほうが彼のためになると思ってね」

「でも、他に言い方があるじゃないですか」

「彼が率直なアドバイスを望んでいいると思ったんだよ」

このように、自分や他人の信念・欲求に言及する語り方を、〈民間心理学〉というのだ。〈民間心理学〉はわれわれの常識の一部であり、われわれの生活の根底を支える日常的な概念体系である。それなしには、われわれは自分や他人の行動を説明することができない。そして〈民間心理学〉は、現在の認知心理学や社会学、人類学といった人文・社会科学が理論の出発点としている「前提」でもある。

その〈民間心理学〉を、チャーチランドは攻撃したのである。彼はこう言う。

「消去主義的唯物論とは、心理学的な現象に関するわれわれの常識的な見解が、根本的に誤った理論を構成していると考える説である。この誤った理論は基礎からしてあまりにも欠陥があるので、その理論の諸原理と存在論の両方が、ゆくゆくは完成された神経科学にとって代わられるだろう――緩やかに還元されてゆくのではなく――と考える説である。

われわれの相互理解や内観ですらも、その結果、完成された神経科学の概念的な枠組みの中で再構成されるかもしれない。その完成された理論は、それがとって代わるところの常識的な心理学よりもはるかに強力であると期待できるし、より実り多い仕方で広く物理科学の内部に統合されると期待されるものだ」

論旨は明快である。要するにチャーチランドは、「〈民間心理学〉は根本的に誤った理論である」と主張しているのだ。彼によれば、われわれ人間は――われわれ自身がそうだと思い描いているようなー何かを感じたり、信じたり、欲したりするがゆえに、何らかの行為を行う存在ではない。〈民間心理学〉は虚構（フィクション）に過ぎないのであって、われわれの「真実の姿」を映しだすのは、これから完成が期待される神経科学なのだ、というわけである。

心の終わり

このような主張を聞くと、われわれは躍起になって反論したくなる。

「そんなバカな。われわれが、何かを感じたり、信じたり、欲したりするような存在じゃないだって？　そんなはず、あるわけがない」

チャーチランドは静かに諭してゆく。

「『そんなはず、あるわけがない』、か。なるほど、そうかもしれない。しかし、『われわれが住んでいるのは平面の上ではなく、球体の上だ』と科学が主張したとき、『そんなはず、あるわけがない』と真っ先に反発したのは何だったのか。あるいは、『しかもその球体は、自転し、公転しているのだ』と科学が主張したとき、『そんなはず、あるわけがない』と真っ先に反発したのは何だったのか。

よく考えてみてほしい。それは、われわれの『常識』ではなかったか」

チャーチランドの批判の要点は、次の否定しがたい「事実」に依拠している。

「われわれの常識は、誤りうる。それも、根本的に誤りうるのだ」

確かにわれわれの常識の歴史は――とりわけ世界認識に関しては――誤謬、迷信、偏見が幾重にも積み重なった地層のようなものである。神話、アニミズム、魔女裁判、天動説……われわれの常識は間違ってきた。これまでも、そしておそらく、「いま」も。

もしもチャーチランドが主張するように〈民間心理学〉が誤りであれば、信念や欲求を基礎概念として心的なプロセスにアプローチする方法論――認知科学のほとんどがそうだ――は、砂上どころか空中に楼閣を建てようとしているようなものだ。哲学も認知心理学も社会学も精神医学も、全滅である。われわれの心は、存在しないのだから。

われわれの暮らしに与える影響も甚大である。例えば、われわれの司法制度はどうなるのか。司法の場での「被告には殺意はなかった」とか「情状酌量の余地がある」といったやりとりは完全に姿を消してしまうのか。未来の弁護士や裁判官は神経科学者でなければならないのか。未来の「六法全書」は神経科学の用語で埋め尽くされるのか――。

ふと、こんな空想をして見る。とあるカフェにて（カッコ内に訳をつけた）。

「ねえ、最近、あなたの神経細胞Aはどうなの？（私のこと、どう思ってるの？）」

「どうって、活性化されているよ（きみのこと、愛しているよ）」

「神経細胞Bが活性化されているわ（嘘よ）」

「活性化されてないよ（嘘じゃないよ）」

「私はてっきり、あなたの神経細胞Cが活性化されているのかと（あの子のことが好きになったのかと）」

「活性化されるわけないじゃないか（そんなわけないじゃないか）」

……もういい。

だが、何らかの形で〈消去主義的唯物論〉が勝利をおさめたなら、そのときには、心身問題は「解消」するであろう。心身問題の物語は終焉を迎えるのだ。

物語は再び動きだす

アメリカの麻酔科医スチュワート・ハメロフは浮かぬ様子で講演者の話を聞いていた。

一九九四年四月、ハメロフは非線形科学の研究者アルウィン・スコットと神経心理学者アルフレッド・カズニアックとともに、いまやすっかり有名になった「ツーソン会議」の第一回目を開催した。この会議は、哲学、心理学、神経科学、人工知能研究、計算機科学、ロボット工学、医学、人類学（およびスピリチュアル系）など、様々なバックグラウンドをもつ研究者たちが一堂に会し、意識をめぐる問題を議論する場である。

その第一回目の、さらに初日（この日は哲学がテーマであった）のことである。最初にある有名な哲学者が壇上に上がり、退屈な話をした。二番目の講演者の話もつまらなく、会議を仕切る立場のハメロフはだんだん不安になってきた。彼はこう振り返っている。

「そう、劇作家が公演初日に感じるみたいですね――こいつは大失敗だったんじゃないかってね」

とはいえこうしたことは、高度に専門分化が進んだ現代の学会には珍しいことではない。ツーソン会議のように学際性が高い学会では、なおさらだ。一〇ある発表のうち二、三個理解できれば、まあいいほうである。残りは頭の上を素通りしてゆくのだ。

ハメロフも自分の体験から、それは十分わかっているつもりだった。だが、イベントを企画した経験のある者なら誰でも共感できるように、自分が時間と情熱をかけて組織した学会がしらけてしまうと、やはり何となく寂しくなるものだ。

――仕方ない。うまくいかないときだってあるさ。

そんなふうに諦めかけていたときである。腰まである長髪、Tシャツにジーンズという、まるでロック・ミュージシャンのような格好の若い男が壇上に上がり、話しはじめた。

「単一の意識の問題などというものはありません。『意識』という語は曖昧で、いろいろな現象を指します。そうした現象はどれも説明を必要としますが、比較的簡単に説明できるものもあります。まず手はじめに、関連する意識の諸問題を『難しい《ハード・》』問題《プロブレム》と『簡単な《イージー・》』問題《プロブレム》に区別するのが有益だと思います」

ハメロフは「ほう」と思った――この若者は、何か本質的な話をしている。他の参加者たちも似たような何かを感じたらしく、さっきまで欠伸を噛み殺していたような人たちでさえ、この若者の言うことに熱心に耳を傾けた。

若者の名はデイヴィッド・チャーマーズ。シドニー出身の哲学者で、現代の心の哲学における第一人者である。が、当時はまだ二七歳の青年だった。

チャーマーズは、意識に関する「簡単な《イージー・》」問題《プロブレム》として、生き物が環境の刺激に反応する能力や行動のコントロールといった現象を挙げ、これらは認知科学のスタンダードな方法で扱える、と主張した。そして彼はこうつづけたのである。

「意識に関する本物のハード・プロブレムは、意識経験の問題です。

われわれが考えたり知覚したりするとき、そこでは一連の情報処理が行われているわけですが、主観的な側面も存在しているのです。ネーゲル――アメリカの哲学者。「コウモリであるとはどのようなことか」という論文で有名――が表現したように、ある意識をもつ生き物であるとは、かくかくしかじかであるような何か、が存在することなのです。この主観的な側面こそが意識経験です」

学会参加者たちは息をのんでチャーマーズの言葉に聞き入った。と同時に、彼らはなぜ今日ここに集まったのかを思い出したのであった。チャーマーズはこの学会の意味を改めて定義したのである。彼はこうつづけた。

「意識経験の主体であるような生き物が存在することは否定しようがありません。しかし、これらのシステムが意識経験の主体であるのはいかにしてか、という問いは厄介です。

意識経験が物理的な基盤から生じるということは広く受け入れられていますが、しかしなぜ、どうやってそれが生じているのかについては、よい説明がありません。

一体なぜ、物理的な処理過程が豊かな内面生活をもたらすというのでしょうか」

チャーマーズは一呼吸置き、こう言いはなった。

「これこそが、まさに意識の問題なのです」

チャーマーズの発表が終わると、タイミングよくコーヒーブレイクとなった。ハメロフは人々の間に分け入り、舞台初日の劇作家のように、人々の話に聞き耳を立てた。

――あのチャーマーズという男はクレイジーだな。

――しかし「意識のハード・プロブレム」とは、クールだったね。

——いや、チャーマーズの言っていることはおかしいだろう。

——いやいや、彼の言っていることは一理ある。正しいよ。

会場はチャーマーズの言う「意識のハード・プロブレム」でひたすら沸き上がっていた。ハメロフはにっこりほほ笑みながら、内心、胸をなでおろしたのであった。

その会場にいた誰もが、新たな物語のはじまりを予感していた。

あなたであるとはどのようなことか

チャーマーズが「意識のハード・プロブレム」として掲げたのは、こういう問題である。人間の脳は恐ろしく複雑な物体であるが、認知科学的な見方をすると、非常によくできた情報処理システムとみなすことができる。だがこのような見方だけでは、一体どうやってわれわれが主観的な体験や感情といった「内面生活」をもつのかが説明できないのだ。

こうした問題は、むろん、チャーマーズがはじめて提示したわけではない。ある意味で哲学者たちはずっとこうした問題にかかわってきたし、チャーマーズが発表の中で名前を挙げたネーゲルも、「コウモリであるとはどのようなことか」（一九七四年）という論文の中で同様の問題を深く掘り下げ、影響力のある議論を展開している。

類似のポイントを鮮やかに描きだす、こんな思考実験もある。

あなたは子どもの頃、こんなふうに疑問に思ったことはないだろうか。

——他の人も、私と同じように物が見えているのだろうか。

例えば、いま私の目の前には、鮮やかな緑色の表紙のノートと赤色のボールペンがある。ノートの色からは「緑という感じ」を受けるし、ボールペンの色からは「赤という感じ」を受ける。言葉では言い表せない「緑々しい感じ」と「赤々しい感じ」だ。

だがもしかしたら、カフェのカウンター席の隣にいるこの男性には、これらの色の感じはまったく違ったふうに感じられているのかもしれない。極端にいえば、私が「緑々しく」感じているところを、この男性は「赤々しく」感じているのかもしれない。また私が「赤々しく」感じているところを、この男性は「緑々しく」感じているのかもしれない。

このような思考実験を「逆転クオリア」──あるいは「逆転スペクトル」──の問題という。「クオリア」とは、各人の内面によって感じられる質、感じのことである（「感覚質」と訳されることもある）。

この思考実験をとことん突き詰めてゆくと、こんな話になる。もしかしたら、私の隣のこの男性は、あらゆる〈クオリア〉が欠落した──すなわち、私が感じているような内面生活を一切欠いた──ゾンビのような存在なのではあるまいか。ごく自然に、人間らしく、さもうまそうにコーヒーをすすっているが、本日のコーヒーのフルーティーな香りや酸味、コクを一切感じていないのではなかろうか。いま「熱っ」などと言ったが、本当は「熱さ」など、感じていないのではないか──。

このように（この男性がそうだと言っているのではない）、あらゆる〈クオリア〉が欠如した存在を、哲学者たちは「哲学的ゾンビ」と呼んでいる。

一見すると、これらの思考実験は、パズルとしては面白いかもしれないが、取り立てて重要であるようには思えない。仮に私の隣の男性が「逆転クオリア」の持ち主であったり、あるいは〈クオリア〉そのものを欠いていたりしても（ゾンビだったとしても）、行動上は一切の不一致や不都合が生じないのだから、これらの思考実験が何らかの哲学的な困難をもたらすとはとても思えないのである。

だが、この「行動上は一切の不一致や不都合が生じない」という点こそが、まさに盲点なのである。というのも、「逆転クオリア」の持ち主にしろ「哲学的ゾンビ」にしろ、ある意味では、「通常の」人間と〈機能〉上の違いが一切ないからである（唯一違いがあるのは、チャーマーズが強調した主観的側面や現象的側面のみである）。つまり、〈機能〉の差異に訴えて主観性や〈クオリア〉をめぐる問題を解くことはできない、ということだ。これは実は〈機能主義〉に対する批判にもなっているのである。

ここで取りうる立場は二つある。

ひとつは、あくまで〈機能主義〉を貫き通し、外見的な違いを生みださない問題に頭を悩ます必要はない、と、〈クオリア〉に関する思考実験を突っぱねる立場である。この陣営には、例えば、アメリカの哲学者ダニエル・デネットがいる。

もうひとつは、意識の主観性や現象性については、何らかの説明を必要とする大問題がまだ残っていると考え、〈クオリア〉の問題に真剣に立ち向かう立場である。チャーマーズは、むろん、こちらの陣営である。

係争点は、こうである——現代科学には、取りこぼしている重要な問題があるのか。

チャーマーズは「ある」と言うし、デネットは「ない」と言う。あなたはどうだろうか。

あなたであるとはどのようなことか——ぜひ考えてみてほしい。

デカルトの同時代人、フェルマがディオファントスの作品『算術』の余白に書き残した「フェルマの最終定理」――3以上の自然数nについて、$x^n+y^n=z^n$を満たすようなゼロでない自然数(x, y, z)の組は存在しない――は、数学者アンドリュー・ワイルズの努力によって一九九四年に証明され（論文が掲載されたのは一九九五年）、最終的な解決を見た。三六〇年にもわたる数学者たちの苦闘の歴史に終止符が打たれたのだ。

その同じ年に、チャーマーズはツーソン会議で「意識のハード・プロブレム」に研究者たちの注意を向けたのである。「みんな、まだやり残していることがあるぞ」という感じで――。デカルトが生みだした心身問題は、まだまだ解決しそうにない。

ところでチャーマーズは、いまや伝説となったツーソン会議の発表の中で、意識経験に関する自説を展開していた。「皮肉なものだよ」と彼は苦笑いする。

「あの会議では、意識について本質的なことを最初に言うつもりだったんだ。それで壇上に上がって、『オーケー、じゃあ、まずは当たり前のことからはじめようか。説明が必要なのは生き物の行動（これはイージー・プロブレム）と、主観的体験（これはハード・プロブレム）だ』って感じで切り出した。これはあとで、もっと深いことを言うための入り口に過ぎなかったんだけどね。ところがご存じの通り、みんなが覚えているのはその冒頭の五分間だけなんだ」

では、「みんなが覚えていない」ところで、チャーマーズは何を語ったのだろうか。

「俺は、意識経験は還元不可能なものだ、って主張したんだ。意識経験は、例えば、時間や空間、質量のように、還元不可能なこの世界の根本的な性質のひとつなんだ。だから俺は、意識経験を根本的なものと認める理論を提案した。そこでは主観的体験の一人称的なデータと、三人称的・客観的な物理的特性との関連性を見ることになるだろう。いずれ、そうした関連性を支配する基本的な法則群ができ上がるんじゃないかな」

そしてチャーマーズは、驚くべきことを口にした。

「この立場は一種の二元論とみなせる。なぜならこの立場は、物理学が言及する諸性質の他に、いくつかの基本的な性質を仮定しているからね。でもこれは、罪のない形の二元論なんだよ。科学的な世界像と共存できるような、ね。もしこの立場に名前をつけるとしたら、『自然主義的二元論』がいいんじゃないかな」

デカルトから三六〇年もたって〈二元論〉に戻ってきたわけだ。チャーマーズはさらにつづける。

「俺が考えているのは、『情報の二相理論』のようなものだ。つまり、情報は二つの側面をもっているんじゃないかと思っているんだ。物理的な側面と、現象的な側面だ」

チャーマーズの言いたいことは、こういうことである。

この宇宙は、物質やエネルギーに満ちているのと同様に、ある見方をすれば、〈情報〉に満ちている。この〈情報〉が低次のレベルでさらさら流れているうちは、それは物理的な側面しかもたず、現象的な側面は（ほとんど）もたない。

しかし、この〈情報〉の流れが何らかの原因によって渦を巻き、あるいはコブをつくり、高次に組織化されたとき、それは現象的な側面をもつようになり、究極的には、われわれ人間のような豊かな意識経験や内面生活をもつようになるのだ。

こんな話を聞くと、私はふと考えてしまう。

私の目の前にあるコーヒーカップは、まさか内面生活をもたないだろう。だが、それは確かめようのないことである。もしかしたら、原初的な形態かもしれないが、意識経験をもっているかもしれないではないか。だとすれば、この宇宙は意外にも（原初的な）意識で満ち溢れているのかもしれない。

私の使っているノートパソコンはどうだろうか。コーヒーカップよりは、高次に組織化された情報体であるように思われる。だとすれば、少なくとも、コ、ー、ヒ、ー、カ、ッ、プ、よ、り、は、高次の意識経験や内面生活をもっているのだろうか。それとも――。

カフェのカウンター席の隣に座っていた男性が、席を立ち、コーヒーカップを戻して店から出ていった。携帯電話で何かを話しているようだ。彼はさすがに意識経験や内面生活をもっているだろう。というのも、彼はコーヒーカップやノートパソコンよりもはるかに複雑な情報体であり、私と同じようにふるまっているからだ。だが、彼が哲学的ゾンビである可能性も捨てきれないのではないか――。

そもそも私は、私が哲学的ゾンビでないことをどうやって知るのだろうか。確かに私は、いま、生き生きとした感覚をもっている。これは疑いようのない「事実」である。しかしチャーチランドが示唆したように、これもまた虚構かもしれないのだ――。

そんなことを考えながら、すっかりぬるくなったコーヒーを口に含んだ。気のせいか、少し味が薄くなっているように感じた。

あとがき

本書のような一般向けの書物に長々と解説をほどこして、読者の自由な読みをかえって妨げることになってはつまらないので、ここでは普段お世話になっている人たちへ感謝の言葉を述べることにしたい。

まず、本書の草稿段階からお付き合いくださった、編集者の大前景子さんに感謝の意を表したい。大前さんは――彼女とは北海道大学大学院で偶然知り合ったのだが――本書の草稿すべてに目を通し、原稿を手直しする上で多くの有益なアドバイスをしてくださった。本書が少しでも読みやすいものになっているとしたら、それは大前さんのおかげである。

本書に出版の息吹を与えてくださったのは、北大路書房編集部の薄木敏之さんである。薄木さんは本書の意図に深い共感を示してくださり、出版実現のためにその辣腕を振るってくださったのである。薄木さんとの出会いがなければ、本書が世に出ることはなかったであろう。また、営業部の若森乾也さんにもお力添えをいただいた。この場を借りて両氏に御礼申し上げたい。

学問的な影響という意味では、北海道大学における私の恩師・山田友幸教授にどれほど多くを負っているか、言葉では言い尽くせないほどである。先生は私に、直接の指導とご自身の研究成果とを通じて、「哲学の問題は厳密な言葉で扱いうるし、また扱うべきだ」ということを教えてくださった。その教えがわずかでも本書に反映されていることを祈るばかりである（ただし、私がこのような本を書いていることを、先生はご存じないはずだ。きっと、びっくりされるのではなかろうか）。

学恩は直接的なものばかりとは限らない。本書の執筆にあたっては、実に多くの文献を参照させていただいた。興味をもった読者は、さらに進んで「参考文献」に掲げた書物（特に☆をつけたもの。本書の伝記部分は、ほぼ全面的にこれらの書物に負っている）にあたってみてほしい。その橋渡しができたなら、本書の目的は果たせたものと考える。

北大哲学倫理学研究室の友人たちにも大変お世話になった。別に大した用もないのに長々と居座り、雑談を交わす中からアイデアを得ることもしばしばであった。また、若い友人たちの熱心な勉強ぶりに、こちらも背筋が伸びる思いがしたものである。

最も身近な存在でありながら、普段なかなか感謝の気持ちを伝えられない人々に、私の両親・姉・妹がいる。彼らは、本書を読んではじめて、息子（または弟・兄）が一体何にその怪しげな情熱を傾けているのかを知ることができるであろう。

最後に——本書を読んでくれたあなたに、ありがとう。

岡田岳人

二〇一二年五月

参考文献

伝記の執筆にあたって特に参照したものに☆をつけてある。これらの先行研究なしには、本書の伝記部分を書き上げることはできなかった。この場を借りて、著者・訳者（解説者）の方々にお礼申し上げる。

■一章■

デカルト／谷川多佳子（訳）　方法序説　岩波文庫　1997

デカルト／山田弘明（訳）　省察　ちくま学芸文庫　2006

デカルト／谷川多佳子（訳）　情念論　岩波文庫　2008

☆デカルト、エリザベト／山田弘明（訳）　デカルト＝エリザベト往復書簡　講談社学術文庫　2001

アドリアン・バイエ／井沢義雄、井上庄七（訳）　デカルト伝　講談社　1979

E・T・ベル／田中勇、銀林浩（訳）　数学をつくった人びとI　ハヤカワ文庫　2003

☆ジュヌヴィエーヴ・ロディス＝レヴィス／飯塚勝久（訳）　デカルト伝　未來社　1998

■二章■

スピノザ／畠中尚志（訳）　神・人間及び人間の幸福に関する短論文　岩波文庫　1955

スピノザ／畠中尚志（訳）　エチカ　岩波文庫　1951

☆清水禮子　破門の哲学：スピノザの生涯と思想　みすず書房　1978

下村寅太郎（編）　世界の名著25：スピノザ　ライプニッツ　中央公論社　1969

下村寅太郎・他（編）　ライプニッツ著作集8：前期哲学　工作舎　1990

新福敬二　スピノザ研究：生の探求を中心とする　有信堂　1969

☆E・J・エイトン／渡辺正雄、原純夫、佐柳文男（訳）　ライプニッツの普遍計画　工作舎　1990

E・T・ベル／田中勇、銀林浩（訳）　数学をつくった人びとI　ハヤカワ文庫　2003

カール・ヤスパース／工藤喜作（訳）　スピノザ　理想社　1967

☆リュカス、コレルス／渡辺義雄（訳）　スピノザの生涯と精神　学樹書院　1996
Stewart, M. *The Courtier and the Heretic.* New York: W. W. Norton. 2006

■三章■
及川朝雄　フランス唯物論　新興出版社　1948
小林道夫・他（編）　フランス哲学・思想事典　弘文堂　1999
ルチャーノ・ステルペローネ／小川熙（訳）　医学の歴史　原書房　2009
☆ド・ラ・メトリ／杉捷夫（訳）　人間機械論　岩波文庫　1957
☆ランゲ／賀川豊彦（訳）　唯物論史　春秋社　1929
☆Wellman, K. *La Mettrie: Medicine, Philosophy, and Enlightenment.* Durham: Duke University Press. 1992

■四章■
今西錦司（編）　世界の名著39：ダーウィン　中央公論社　1967
トマス・ヘンリ・ハクスリ／佐伯正一、栗田修（訳）　自由教育・科学教育　明治図書出版　1966
☆マクブライド／藤井睦雄（訳）　T. H. ハックスリ：その偉大なる生涯　平凡社　1949
Huxley, T. H. *Autobiography and Selected Essays.* Boston: H. Mifflin. 1909
Huxley, T. H. *Man's Place in Nature, and Other Anthropological Essays.* Bristol: Thoemmes Press. 2001
Huxley, T. H. *Method and Results.* Bristol: Thoemmes Press. 2001

■五章■
ハワード・ガードナー／佐伯胖、海保博之（監訳）　認知革命：知の科学の誕生と展開　産業図書　1987
バラス・F・スキナー／犬田充（訳）　行動工学とはなにか　佑学社　1975
エドワード・C・トールマン／富田達彦（訳）　新行動主義心理学　清水弘文堂　1977
☆ジョン・B・ワトソン／安田一郎（訳）　行動主義の心理学　河出書房新社　1980
☆Buckley, K. W. *Mechanical Man: John Broadus Watson and the Beginnings of Behaviorism.* New York: Guilford Press. 1989

☆Murchison, C. (ed.). *A History of Psychology in Autobiography, Vol. III.* New York: Russell & Russell. 1961
Tolman, E. C. "Cognitive Maps in Rats and Men" *Psychological Review*, **55**(4), 189–208. 1948
Watson, J. B. "Psychology as the Behaviorist Views It" *Psychological Review*, **101**(2), 248–253. 1994

■六章■

飯田隆（責任編集） 哲学の歴史11：論理・数学・言語 中央公論新社 2007
ウィトゲンシュタイン／藤本隆志（訳） ウィトゲンシュタイン全集８：哲学探究 大修館書店 1976
ジョン・C・エックルス／伊藤正男（訳） 脳の進化 東京大学出版会 1990
ジョン・C・エックルス／大野忠雄、齋藤基一郎（訳） 自己はどのように脳をコントロールするか シュプリンガー・フェアラーク東京 1998
ハワード・ガードナー／佐伯胖、海保博之（監訳） 認知革命：知の科学の誕生と展開 産業図書 1987
竹尾治一郎 分析哲学の発展 法政大学出版局 1997
ポール・M・チャーチランド／信原幸弘、宮島昭二（訳） 認知哲学 産業図書 1997
デイヴィッド・J・チャーマーズ／林一（訳） 意識する心 白揚社 2001
ハーバート・ファイグル／伊藤笏康、荻野弘之（訳） こころともの勁草書房 1989
スーザン・ブラックモア／山形浩生、守岡桜（訳） 「意識」を語る NTT出版 2009
カール・R・ポパー、ジョン・C・エクルズ／大村裕、西脇与作、沢田允茂（訳） 自我と脳 新思索社 2005
ギルバート・ライル／坂本百大、宮下治子、服部裕幸（訳） 心の概念 みすず書房 1987
Churchland, P. M. "Eliminative Materialism and the Propositional Attitudes" *The Journal of Philosophy*, **78**(2), 67–90. 1981
Fodor, J. A. and Katz, J. J. *The Structure of Language: Readings in the Philosophy of Language*. Englewood Cliffs, N. J.: Prentice-Hall. 1964
Hameroff, S., Kaszniak. A, and Scott. A. *Toward a Science of Consciousness: The First Tucson Discussions and Debates*. Cambridge, MA: The MIT Press. 1996
Jeffress, L. A. (ed.). *Cerebral Mechanisms in Behavior: The Hixon Symposium*. New York: Wiley. 1951
Putnam, H. *Mind, Language and Reality*. Cambridge: Cambridge University Press. 1975

【著者紹介】

岡田岳人（おかだ・たけと）

1979年，札幌市生まれ。
2002年，北海道大学文学部卒業。
2005年，北海道大学大学院文学研究科博士後期課程退学。
専門は言語哲学，心の哲学。主な論文に「パーフィットと『私』の分裂」（『哲学』北海道大学哲学会，2011年）がある。

心身問題物語——デカルトから認知科学まで——

2012年５月10日　初版第１刷印刷
2012年５月20日　初版第１刷発行

定価はカバーに表示してあります。

著　者　　岡田岳人
発行所　　（株）北大路書房
〒603-8303　京都市北区紫野十二坊町12-8
電　話（075）431-0361（代）
ＦＡＸ（075）431-9393
振　替　01050-4-2083

印刷／製本　（株）創栄図書印刷
検印省略　落丁・乱丁本はお取り替え致します

ISBN978-4-7628-2777-8　Printed in Japan